湾区有段古系列丛书

李沛聪 主编

湾区有乜玩

SPM
南方出版传媒
广东人民出版社
·广州·

图书在版编目（CIP）数据

湾区有乜玩 / 李沛聪主编. —广州：广东人民出版社，
2021.11

（湾区有段古系列丛书）

ISBN 978-7-218-15176-2

Ⅰ. ①湾… Ⅱ. ①李… Ⅲ. ①名胜古迹－介绍－广
东、香港、澳门 Ⅳ. ①K928.706.5

中国版本图书馆CIP数据核字（2021）第153889号

WANQU YOUMIEWAN

湾区有乜玩

李沛聪 主编

版权所有 翻印必究

出 版 人：肖风华

项目统筹：黄洁华
策划编辑：卢雪华
责任编辑：李丽珊 伍茗欣
责任技编：吴彦斌 周星奎

出版发行：广东人民出版社
地　　址：广东省广州市海珠区新港西路204号2号楼（邮政编码：510300）
电　　话：（020）85716809（总编室）
传　　真：（020）85716872
网　　址：http://www.gdpph.com
印　　刷：广州市浩诚印刷有限公司
开　　本：889毫米×1194毫米　1/32
印　　张：6.625　字 数：80千　　插 页：1
版　　次：2021年11月第1版
印　　次：2021年11月第1次印刷
定　　价：39.80元

如发现印装质量问题，影响阅读，请与出版社(020-85716849)联系调换。
售书热线：（020）85716826

编委会

前言
Preface

　　粤港澳大湾区，是一个经济概念。在2019年，国务院发布《粤港澳大湾区发展规划纲要》，为把粤港澳大湾区打造成世界级城市群、国际科技创新中心指明了方向。

　　但在"粤港澳大湾区"这个经济概念正式提出之前，"省港澳"，其实早已作为一个文化概念，存在了很长时间。

　　所谓"省港澳"，指的当然是广东省、香港地区和澳门地区。自从明朝葡萄牙人聚居澳门、清朝英国殖民香港以来，广东、香港、澳门就一直作为中国南部对外交流的窗口而存在。

　　其间，虽然各地的经济文化发展情况各有不同，但其交流之密切，互相影响之深远，让省港澳地区越来越成为一个独特的整体。

虽然省港澳三地有许多不同的特点，在不同的历史时期也有着不同的管治方式，但三地也有着更多的共通之处，尤其在文化上，同处中国岭南之地，同处沿海地区，文化上自然有着许多共同点。

例如，广东大部分地区与香港、澳门一样，日常都以粤语（广府话、白话、广东话）作为交流的语言；以广州、佛山为代表的广式饮食文化，与香港、澳门的饮食文化，更是同源同宗，有着许多共同的美食；粤剧、南狮、龙船等，都是三地共同的非物质文化遗产；省港澳三地从生活习惯到文化观念，都有着沿海地区务实、包容、开放、奋进的特点……

从清朝开始，省港澳地区就成为了推动中国发展的前沿阵地，从洪秀全到孙中山，从全国唯一的通商口岸到改革开放的试点，从小渔村到世界瞩目的东方之珠，这个地区一直为中国发展注入新的活力。到了现在，在"粤港澳大湾区"的概念之下，这个地区将会焕发出更新更强大的动力，继续为中国的发展贡献自己的力量。

这个满载着历史又充满了希望的大湾区，值得让更多人对它有更多的了解和认识。正是出于这样的想法，在多个团队的共同努力下，我们出版了这一套《湾区有段古》

系列丛书，从衣食住行的方方面面，为大家讲述粤港澳大湾区，或者说"省港澳"的故事，希望让每一位读者对大湾区有更进一步的了解认识。

为了不让大家觉得沉闷，我们搜集了许许多多历史上的、传说中的、现实里的故事，希望大家通过这些有趣的故事，来了解大湾区。这些故事有不少都来自于民间的口口相传，不一定有标准的版本，但无论哪一个版本，寄托的都是湾区人民对美好生活的向往和善良、包容、奋进的价值观。

希望每一位读者都可以通过这些故事，加深对粤港澳大湾区的了解，同时感受它更多的魅力吧！

最后，要感谢每一位参与本书编撰、绘画的小伙伴，是你们的努力付出，让这套丛书的出版成为可能。

李沛聪

2021年夏

目录
Contents

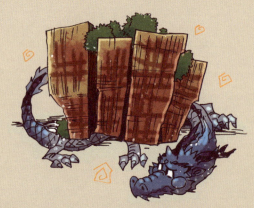

目录

中英街

中英街，位于深圳沙头角街道与香港特别行政区北区的交界处，原名为"鹭鹚径"。中英街有多种不同的景点和街道特色，能充分体现"一街两制"的历史景观和文化风情。街心以界碑石为界，深圳和香港各占一半，因此也被称为特区中的"特区"。

中英街的诞生与中国近代的历史息息相关。清光绪二十四年（1898年），在英国武力逼迫之下，清政府与英国签订了《展拓香港界址专条》，将九龙半岛及其附近海域租给英国，租期为99年，并刻立了"光绪帝二十四年中英地界第×号"的界碑，将沙头角一分为二，东侧为华界沙头角，西侧为英（港）界沙头角，这也是中英街名字的由来。

后来有人在街道的河床两侧搭建房屋，出现

普通话音频

粤语音频

　　了一些摆摊做生意的情形，逐步形成了一条小街，也就是中英街的前身。香港回归祖国后，中英街发展得越来越好，特殊的地理位置和物美价廉的免税店吸引了全国各地的游客，成为了人们口中的"购物天堂"。

　　自清代以来，沙头角一带的居民基本上以客家人为主。中英街，作为"中国民间艺术之乡——沙头角"的核心区，保留了许多国家级非物质文化遗产，"鱼灯舞"就是其中之一，表演者会身穿蓝色衣裳，脚穿黑色布鞋，身子蹲下，双手握住鱼灯手把，将鱼灯举起，模仿鱼的神情与动作舞动，别具一番风情。

佛山梁园

　　佛山梁园是佛山梁氏宅园的总称，是清代岭南文人园林的典型代表之一，与余荫山房、清晖园、可园并称为"岭南四大园林"。佛山梁园的修建历时五十余年，在清朝嘉庆、道光年间陆续建成，在1984年重修后改称梁园。梁园雅淡自然，园内果木成荫，极具岭南水乡特色。

　　有关梁园的建成，还有这样一段故事。梁蔼如是广东顺德人，1769年出生在顺德的杏坛麦村，他在家里排行老二，还有哥哥梁玉成和弟弟梁可成。他自幼品学兼优，深受父亲梁国雄的宠爱。

　　清乾隆年间，广东佛山逐渐成为岭南的商业中心。发达的手工业、陶瓷业和纺织业吸引了许多商人。梁蔼如的父亲梁国雄也抓住了这个机会，带着全家迁居到佛山松桂里。当时，佛山百姓为了祈求生意兴隆，有了拜神上香的习俗。梁国雄抓住这个商机，与家人一起制作香、烛。

普通话音频

粤语音频

从起初挑着担子走街串巷地叫卖，到后来在佛山汾宁路开设"兰宝"店铺，梁氏家族的产业日益兴旺。这就是后来闻名佛山的梁氏大家族。

梁蔼如并没有因为家族富有而骄奢放纵，反而乐善好施，常常帮助生活困难的乡亲。1796年，梁蔼如收购了沙洛铺陈大塘的陈氏地产200余亩，修建一座大宅，和父母兄弟一同居住。他始创了梁氏的私家花园——"无怠懈斋"，用于和朋友一起吟诗作赋。这就是早期的佛山梁园。

后来历经几代人的完善修葺，佛山梁园陆续建成。它是反映佛山名人荟萃、文风鼎盛的重要实物例证，更体现了佛山文人对林泉之乐的向往。

罗浮山

　　罗浮山位于岭南中南部，毗邻惠州西湖，山势雄伟壮观，植被繁茂常绿，有"百粤群山之祖"、"蓬莱仙境"之称 。这块难得的风水宝地自古以来就吸引了古今无数名人游客。谢灵运、李白、杜甫等诗人都留下了与其关的作品。罗浮山也因它的神秘幽胜，留下了许多动人的传说。

　　相传很久以前， 东海龙王的女儿青龙三公主在海面上悠游闲逛的时候，遇到了南海龙王之子小黄龙。两人都正是青春少艾之际，这番邂逅，令他们萌生爱意，遂立下海誓山盟，愿结百年之好。

　　但他们的父亲都是规矩极严的神龙，认为作为神龙之种，私定终身就是犯上作乱。两位父王非常生气，一怒之下将青龙三公主囚禁在蓬莱仙山左侧的孤岛，小黄龙也被锁在罗山下的万丈古

普通话音频

粤语音频

井之中。

　　幸好，天公被他们的真情所感动，巨灵神龟悄悄驮载着公主向南海浮来。小黄龙则挣脱锁链，冲出古井，两人得以相见。为了让情缘得以永存，小黄龙化形为罗山主峰飞云顶，青龙三公主则化为浮山峰顶的上界三峰。最终罗山与浮山合二为一，融溶结合为一体，故称为"罗浮山"。

　　这些美妙的神话故事，大都源自民间口口相传，寄托着人们对美好爱情的向往之情，而罗浮山也因它的雄伟挺拔、清静幽秀、气候宜人，被称为"岭南第一山"。

南风古灶

南风古灶始建于明朝正德年间，距今有五百年历史，被称为"陶瓷活化石"，五百年来窑火不绝、生产未断，世所罕见。如今的南风古灶旅游区包含了南风灶、高灶、高庙等重点文物，是体验佛山陶文化的必到之处。

而在南风古灶邻近有一口水源汩汩的镇牛井，它与南风古灶有着一段不寻常的故事。

相传有一年遭逢大旱，不但影响庄稼收成，也影响南风灶的生产，自然也影响陶工们的生计。

当时有一位负责挑水浸发坭料的老人，听说镇牛井水源足，便自告奋勇到镇牛井挑水浸坭。眼见老人打回来的井水足以支持工作，陶工们都十分开心，老人决定趁热打铁，继续打水。谁知打最后一桶水时，桶绳勾到一条铁链，他好奇心起，将铁链往上拉。拉得几丈，只觉地面微微震

普通话音频

粤语音频

动，再多拉几丈，竟然飞沙走石，地动山摇！吓得老人连忙将铁链放回井里，这才风平浪静。

后来大家向村里长辈询问，才知道当地有一个传说，说当年朱元璋放牛的时候曾经对牛说："如果我日后做了皇帝，就准你世世代代不用耕田。"

后来他真的做了皇帝，却把此事忘了，老牛向朱元璋托梦，质问他为何不守信用，并威胁说要为地方带来灾难。后来刘伯温奉皇命将神牛封印，就困在这镇牛井下，这条铁链正是困住神牛的工具。

自此之后，大家再也不敢动这条镇牛井里面的铁链了。

清晖园

　　清晖园，位于佛山顺德大良镇清晖路，是岭南四大园林之一，始建于明代。清晖园构筑精巧，布局紧凑，主次分明，集中国古代建筑、园林、诗书、灰雕等艺术于一身，是岭南地区极具特色的园林建筑。

　　清晖园最早始建于明朝天启年间，是礼部尚书黄士俊在顺德城南门外的凤山脚下修建的黄家祠，当时并非名为"清晖园"。后来黄家家道中落，庭院荒废，到了清朝乾隆年间，大良进士龙应时购得旧址，修葺扩建，才逐渐形成规模。

　　在清朝嘉庆十一年，龙廷槐之子龙元任又再将园子扩建，并请同榜进士、江苏书法家李兆洛题写"清晖"的园名，取"谁言寸草心，报得三春晖"之意，表达筑园奉母、报答父母养育之恩的意思，这也是清晖园园名的由来。

　　抗日战争期间，龙氏家人避居海外，庭院日趋残破。1959年后，清晖园得到重点保护，逐

普通话音频

粤语音频

步发展至现在的规模。

清晖园的建造风格充分体现了岭南园林的特色，强调美观与实用相结合、疏而不空、密而不塞，建筑造型也是轻巧灵活，特别适合南方炎热气候，园内水木清华，幽深清空，凸显出我国古园林庭院建筑中"雄、奇、险、幽、秀、旷"的特点。

歇马举人村

　　歇马举人村，位于广东恩平市圣堂镇歇马村，是当地有名的风水名村。自元朝至正年间立村至今，已有700年的历史。它之所以被称为"举人村"，是因为它从古至今一共培育了430多名举人和朝廷官员。据说仅咸丰进士梁元桂一家，前后四代共出了81位有功名之人，二品至六品官就有18人。近现代，歇马举人村还培育了粤剧名旦芳艳芬、著名书法家梁鼎光等，可谓人杰地灵，诗书传家。

　　有关歇马的传说很多，例如"喊鹤神"之说，就流传甚广。相传，八仙中韩湘子的妻子想要化身为神，请求丈夫度她升仙。于是他们相约在年三十晚上子时，韩湘子等妻子沐浴更衣，然后就度她升仙。

　　谁知到了年三十晚上，妻子却因家务繁忙，到了接近子时才急忙解衣进浴。正在沐浴之时，妻子忽然听到丈夫在半空呼唤自己，来不及系好

普通话音频

粤语音频

衣服，便脱口先答应，结果她的魂魄一下子就飘上了凌霄。

　　韩湘子并不知道妻子的状况，来到玉皇大帝驾前，就请求为自己的妻子封个仙号。谁知玉帝抬头一看吓了一跳，只见韩湘子身后站着一个披头散发、衣衫不整的少妇。

　　玉帝非常生气，斥责韩湘子。韩湘子回头一看，也是吓坏了，连忙求玉帝恕罪。玉帝怒气未减，喝令道："冒失污物，仙而不仙，作孽自受，到山野当'鹤神'去！"

　　从此，人们便把"鹤神"当作污秽的代名词。后来，年三十晚子时之前，当地人都要通过"赶鹤神"来迎新年，消除污秽，接纳吉利。

佛山祖庙

　　佛山祖庙，位于广东省佛山市禅城区，始建于北宋元丰年间，在清光绪二十五年进行大修，形成了如今的祖庙建筑群。祖庙内陈设了许多珍贵的艺术品，被誉为"东方民间艺术之宫"。

　　关于祖庙的传说有很多，例如北帝殿里有一块长方形的大青石，石纹上隐约有暗红色的痕迹，被称为"剀仔石"。这个名字的背后，就有一个悲惨的故事。

　　据说在以前，有个小孩天生口吃，由于家里穷，他的妈妈只能给地主干活。有一次，地主丢了一只鹅，误以为是小孩偷的，就跑去问他说："你今天中午吃了什么？"

　　小孩如实回答说："我吃了螺。"但是因为小孩口吃发音不准，听起来就好像是"我吃了鹅"。

　　地主恶狠狠地找来孩子的母亲，要她赔偿。

普通话音频

粤语音频

孩子母亲一来没有钱赔，二来更不相信儿子偷了鹅。凶恶的地主竟然说："除非你把他的肚子剐开，看他到底有没有吃鹅。"母亲疯了一般，把孩子按在剐人石上剐开了他的肚子。结果他的肚子里真是螺肉而不是鹅肉。

母亲悲痛欲绝，哭昏倒地，那凄惨的哭声惊动了北帝。于是他降下法旨，让小孩还阳康复，母子团聚，而地主也受到应有的惩罚。从此之后，人们就把那块大青石称为"剐仔石"。

这个故事后来还曾被金庸先生引用到作品《飞狐外传》之中。

珠海渔女

　　珠海渔女雕像位于珠海市香炉湾畔，是中国著名雕塑家潘鹤的杰作，也是珠海市的地标。关于珠海渔女，有一个美丽的传说。

　　相传南海龙王的第七女儿小玉龙游玩经过香炉湾时，被当地美丽的风光迷住，不愿返回仙境，决意下凡，尽享人间美景。

　　于是，七公主扮成渔女，自称玉珠，在当地做了一名渔女，被当地人叫作小珠。小珠心灵手巧、心地善良，还常采灵芝草配上珍珠粉为渔民治病，深受渔民的喜爱。

　　不久之后，小珠在当地结识了一位憨厚老实的渔民青年海鹏，朝夕相依，定下山盟海誓。不料此事被垂涎七公主已久的苍蛟发现，他决定要报复七公主。

　　苍蛟故意接近海鹏，邀请他去喝酒时，故意说起小珠手上的八个手镯是传家的陪嫁手镯，必

普通话音频

粤语音频

须拿到其中一个手镯作定情信物，方能证明她的真心。

海鹏轻信了苍蛟的话，要小珠摘下手镯给他。小珠听了泪如泉涌，向海鹏倾诉了自己的身世。原来南海龙宫中有八个管家婆，每人给她套上一只手镯，只要脱掉一只，她就会死去。然而，海鹏却不相信小珠的话，转身要走，小珠为明心志，毅然用力摘下一只手镯，随即死在情人怀里。海鹏此时悔恨已晚，饮声泣血，哀天恸地。

九洲长老被他们的深情厚爱所感动，引导海鹏上大九洲岛找还魂草，并嘱咐他还魂草须用男人的鲜血浇灌，才能长大作药救人。于是海鹏每天用自己的血浇灌还魂草，日复一日，年复一年，还魂草终于长大，海鹏用它救活了小珠。

成亲当日，小珠和姑娘们在海边拾到一枚硕大无比的海蚌，挖出一颗举世无双的宝珠，献给德高望重的九洲长老。珠海渔女雕像展现的就是小珠高举着宝珠献给九洲长老的场景。

因为这个美丽的传说，加上香炉湾原本是养珠产蚝的地方，珠海置县时，就取玉珠的"珠"和海鹏的"海"字命名。

袁崇焕纪念园位于明末著名爱国将领袁崇焕的出生地——东莞市石碣镇水南村，内有牌坊、袁崇焕石雕像、袁督师祠、袁崇焕传记浮雕、故居、衣冠冢、三界庙等景点。

袁崇焕本是一位进士出身的文官，但在明朝末年，为了抗击后金的入侵，他毅然投笔从戎，对抗外敌，以"宁远大捷"而闻名天下。

当时正值天启年间，明朝内忧外患，内部阉党当权，外部则面临后金的不断冲击，辽东局势岌岌可危。

袁崇焕心怀国事，一个人骑着马到山海关外视察，详细研究了关内外的形势，回来向兵部尚书孙承宗报告，并且说："只要给我人马军饷，我能负责守住辽东。"孙承宗对他十分欣赏，任命他为宁远道，负责守卫宁远。

袁崇焕出关后，带着几个随从兵士，连夜

普通话音频

粤语音频

在荒野上骑马奔驰，天没亮就到了宁远的前屯。他在那里收容难民，修筑工事。当地的将士对袁崇焕的勇气和毅力，没有一个不钦佩的。在孙承宗、袁崇焕的努力之下，辽东局势渐渐安定下来。但是此时魏忠贤派来同党高第指挥辽东军事。高第是个庸碌无能之人，一到山海关，就说后

金军太厉害，关外没法防守，要各路明军全部撤进山海关内。

袁崇焕坚决反对撤兵，但高第却硬要袁崇焕放弃宁远。袁崇焕气愤地说："我的职守是防守宁远，要死也死在那里，决不后撤。"高第见说不服袁崇焕，只好答应袁崇焕带领一部分明军留在宁远，却下命令要关外其他地区的明军，限期撤退到关内。

努尔哈赤看到明军撤退的狼狈相，认为辽东唾手可得，于是亲自率领十三万大军，渡过辽河，进攻宁远。

当时守在宁远周围几个据点的明军都已经撤走，宁远城只剩下一万多兵士，处境十分孤立。但是袁崇焕并不气馁，他咬破指头，写了一份誓死抗金的血书，向众将士晓以大义。

明军在袁崇焕的指挥下硬是挡住了十倍于自己的后金军，还将努尔哈赤打伤了。后金无力再战，唯有退兵。这一场战役历史上称为"宁远大捷"。

七星岩

　　七星岩位于广东省肇庆市，因七座石灰岩峰排列状如天上北斗七星而得名，以峰林、溶洞、湖泊、碑刻、寺观为主体景观，素有"岭南第一奇观"的美誉，景区内的摩崖石刻是岭南地区保存得最多最集中的摩崖石刻群。而景区中有一个天象奇观，一年中只有几天、一天内只有半个小时可以见到，它就是"卧佛含丹"。

　　相传从前种田采莲的农家女禾花为救活百姓的禾苗献出了自己年轻的生命，她的丈夫石星悲痛欲绝。多年以后，儿子长大了，石星了无牵挂，就在石洞古庙做了和尚。日子一天一天过去了，石和尚已入花甲之年。

　　突然有一天，他梦到佛祖开示：禾花的事迹感动玉帝，她已荣登天界，被封为"禾花仙子"。多年对禾花的思念之情如火山爆发，石和尚不顾一切地奔向湖边朝天呼唤禾花，一直叫到声嘶喉裂，筋疲力尽，最后倒在了湖边，但仍仰

普通话音频

粤语音频

脸对着苍天，日夜不停地叫着妻子的名字，直到气息渐弱，生命终止。

千百年过去了，石和尚的身体变成了躺在湖边的一座巨大的卧佛。已列入仙班的禾花并不是无动于衷，但鉴于天规戒律，她不能下凡。当她看到石星为自己伤心而死，心中无比悲痛，于是跪求太白金星救活石星。

太白金星感于禾花夫妻的情意，为禾花在玉帝面前求情，玉帝终于准许禾花每年九月中旬出南天门将金丹从天上投入石星的口中。

从此，每年的九月中旬太阳将要下山时，在仙女湖的观佛台或乘坐游船到特定的位置，就可清晰地看到，一颗通红透亮、圆圆的金丹自天而降，缓缓落入卧佛张开的口中。这就是肇庆星湖极罕见的天象奇观——卧佛含丹。

除此之外，七星岩还有很多美丽的景点，如：水月岩云、星岩春晓、天柱摘星、星岩烟雨、玉屏叠翠、千年诗廊、水中林趣、仙鹤呈祥、石洞古庙等等，每年吸引了无数游客。

香港杜莎夫人蜡像馆

　　杜莎夫人蜡像馆，由著名蜡制雕塑家杜莎夫人建立，是全世界水平最高的蜡像馆之一，在世界各地有着多家分馆。香港的杜莎夫人蜡像馆，又被叫作"香港蜡像馆"，位于香港太平山顶凌霄阁，是中国第一家杜莎夫人蜡像馆。该馆摆放着李小龙、张国荣、周杰伦、张艺兴等众多国内名人的蜡像。

　　作为蜡像馆的主人，杜莎夫人的经历也相当传奇。杜莎夫人出生在法国，十八世纪普鲁士战争后她跟随母亲前往巴黎谋生，阴差阳错成为了蜡塑艺术家柯提斯的女管家。艺术家看杜莎夫人十分聪慧好学，于是把自己的蜡塑技艺倾囊相授。其后她为伏尔泰、卢梭、富兰克林等历史名人都创作过蜡像。

 普通话音频

 粤语音频

柯提斯先生去世前，就把自己所有的蜡塑藏品送给了杜莎夫人。杜莎夫人因为拿破仑战争的原因无法归国，只能留在英国。于是此后的33年间她带着蜡制品在英国举办巡回演出，最终在伦敦贝克街开设了一间永久性展览馆。

　　香港杜莎夫人蜡像馆至今经久不衰，为人们提供了一个与各界名人接触的难得机会，让大家零距离领略世界名人的风采。

兰桂坊

　　兰桂坊位于香港中环区，是香港夜生活的胜地，街边布满餐厅酒吧，提供世界各国的美食，深受当地白领、外籍人士及游客的欢迎，在这里还经常能碰到明星。

　　提到兰桂坊，就不得不提"兰桂坊之父"盛智文了，就是他把兰桂坊从一个默默无闻的街道，打造成了香港无人不晓的景点。盛智文出生于德国，从小有着惊人的经商头脑，10岁就做兼职赚钱，17岁成为学校第一个拥有汽车的学生，19岁到香港闯荡时已经拥有了100万加元的财富。

　　因为从事贸易工作的关系，盛智文认识了许多年轻的美国买家，他们经常抱怨香港只有酒店才有酒吧，很不方便。盛智文心想，香港是国际大都市，美国有苏豪区、加拿大有蒙特利尔，香港也可以有一个这样的地方，于是就在兰桂坊

普通话音频

粤语音频

　　开设了一家叫作"加利福利亚"的餐厅。结果这家餐厅异常受欢迎，甚至有许多名人和模特儿都来光顾。他便决定把兰桂坊的一整栋大厦买下来，租给餐厅，做成一个具有特色的酒吧街。

　　兰桂坊最终在他的经营之下，成为了香港重要的夜生活消闲区域，而盛智文也因此被称为"快乐的制造者"。

　　由于近些年来旅游业的发展，兰桂坊已成为香港的旅游胜地，不仅爱喝啤酒的洋人趋之若鹜，许多旅客也把游览兰桂坊列入行程，一睹其魅力与风采。

香港洪圣古庙

　　香港洪圣古庙，位于香港湾仔的皇后大道东，始建于1847年，是香港地区最古老的庙宇之一，经历了百余年的历史变迁，在众多现代楼宇之中顽强地保存了下来，成为香港地区的一级保护文物。

　　洪圣古庙供奉的是渔民最为敬奉的神明之一——洪圣大王。据说，这位洪圣大王原名洪熙，是唐代的广利刺史。他生前为官清廉，而且精通天文地理，曾设立天文气象观测所，为出海的渔民和商人预测天气，造福了不少人，于是后来被敬奉为南海之神，深受渔民爱戴。

　　而关于这位洪圣天王，还有另外一个传说。洪圣本是一名屠夫，因为每日杀生，于心不忍，于是想放下屠刀，遁入空门。他去拜一位老僧

普通话音频

粤语音频

为师，但老僧不肯收他为徒。洪圣苦苦哀求，老僧最后没办法，就要洪圣把心挖出来以示真心。谁知洪圣竟然毫不犹豫将心肝挖出，扔进大海。此时，只见海上升起一朵祥云，洪圣已然直接升仙而去了。后来成为神仙的洪圣看中了南海边上的宝地，经玉帝许可，成为了南海神庙里的海神。

　　不论洪圣大王来历如何，位于湾仔的这座洪圣古庙，在寸金尺土的香港，确实是一个很独特的存在。

大屿山

    大屿山地处中国香港西南面，是香港众多岛屿中最大的一个。尽管大屿山岛的面积几乎是香港岛的两倍，但由于远离香港市区、交通不便，大屿山岛曾经的开发程度非常之低，岛上的旅游资源也未被开发。

    南宋时期，大屿山和香港本岛等多个岛屿被合称为"大奚山"；到了明朝，大奚山就开始狭指大屿山了。后来大屿山还被叫过"大鱼""大渔""大俞"等名称，直到大清道光年间，"大屿山"一词才作为官方名称延续至今。

    大屿山虽然人烟稀少，但其实见证了不少中国历史的事件。早在远古时代之前，大屿山就已经有人居住了，考古学家曾发掘出陶器、捕鱼工具和兵器。东晋末年，卢循率领的民间起义军被朝廷打败后，率残部逃亡至大屿山定居，后来经

普通话音频

粤语音频

过艰辛努力，使岛上渔业和制盐业大为昌盛。南宋末年，宋端宗在流亡时期也曾两度逗留大屿山。清朝年间，大屿山以北的龙鼓水道成为外国商旅往广州贸易的必经之路。

目前随着香港国际机场、青马大桥等相继落成，大屿山与香港市区已实现便利连接，这块面积广大的土地也得到了充分的利用，助力香港乃至整个大湾区高速发展。

天星码头

尖沙咀天星码头是位处香港中环的渡轮码头，之前被叫作九龙角天星码头，现在常常被简称为尖沙咀码头。天星码头自1890年建成开始已经经历过四次搬迁，现在人们常提及的天星码头主要是指搬了三次家的第四代天星码头。

其中第三代天星码头存在时间最久，也承载了最多香港人共同的记忆。当中最为印象深刻的肯定是站立在码头广场上的中环天星大钟。这个时钟是比利时王子赠送给怡和洋行，再由怡和洋行转赠给天星的礼物，因为和伦敦大本钟制造商相同，所以也被叫作小本钟。天星钟楼是香港所剩无几的旧式钟楼之一。每年的元旦零点，码头广场就会聚集许多慕名前来的游客，录下中环天星大钟整点报时的新年钟声。

普通话音频

粤语音频

尽管由于填海工程的影响，陪伴大家度过多个新年的中环天星大钟已经随着天星码头的改址而消失，但钟声为市民们带去的快乐，会跟随新一代天星码头的兴盛，永远活在全香港市民的记忆中。

普通话音频

粤语音频

重庆大厦位于香港九龙尖沙咀，自从1961年建成后就成为一座有廉价宾馆、商店、饭店等多种服务业店铺的混合功能大厦，因为其中居住的大多是香港境内的少数族裔，所以就被人们称为香港少数族裔的九龙城寨，更是被美国《时代》杂志选为"亚洲最能反映全球化的地方"。

　　正因为重庆大厦的文化多样性和由居住人员带来的神秘感，王家卫导演才把重庆大厦作为电影《重庆森林》的取景地，使得重庆大厦一时间变成香港的热门景点。

　　一座位于香港给少数族裔居住的大厦为何会以"重庆"为名？这就与中国的一段历史有关了。重庆大厦原是重庆市场，于1920年兴建，服务对象以外国游客和水兵为主，设有三十多间售卖外国货物的商店。1958年，一名移居菲律宾的福建华侨向政府买下了这块土地来兴建一栋临海豪宅。

　　后来为了纪念抗日时期作为中华民国陪都的重庆，他就将这里命名为"重庆大厦"。重庆大厦俯瞰维多利亚港，是当时最高的楼，经常有英国的高级军官和香港本地明星出入。直到上世纪70年代，重庆大厦原有的华裔家庭陆续搬出，将物业转让给内地新移民，重庆大厦就慢慢变成了如今的混合型大厦。

　　早期重庆大厦由于人口密度大、人员组成复杂、管理松懈等问题，治安一度成为香港政府的难题；但在20世纪初，香港政府开始对重庆大厦进行治理，违法乱纪的现象大幅减少，现在已成为众多来港背包客住宿的首选。

九龙城寨公园

九龙城寨公园地处香港九龙城东头村和东正道交界处，占地约三万平方千米，1994年被开辟为具有香港风格的中国园林，园内保存原有的石墙、瞭望台和城门等特色建筑，对于香港的历史文化传承非常重要。周星驰著名电影《功夫》中的"猪笼城寨"也正是以此为原型。

普通话音频

粤语音频

　　九龙城寨始建于宋朝，最早被用作管控食盐贸易、防御外敌的军事地点。后来由于各种历史原因，九龙城寨成为了一个清政府不管、香港政府不管、英国不管的"三不管"地区。

　　"二战"后，大批难民为了生计涌入九龙城寨，城寨自此成为了一个规模庞大的贫民窟，港英政府最终完全放弃管理；也正因为缺少政府管治，城寨成为了粤港澳乃至整个东南亚地区的罪犯藏匿点。

　　直到1984年，中英两国签订《中英联合声明》处理香港问题，共同决定清拆城寨，改建为公园，这才做到取其精华去其糟粕，实现了九龙城寨价值的最大化。

　　现如今九龙城寨公园成为不少香港家庭假日游玩的选择，动荡不安的环境也成为了过去式。

张保仔洞

　　香港有多个与张保仔有关的地方，其中以张保仔洞最为人熟悉。张保仔洞传说是著名海盗张保仔收藏宝物的一个山洞，位于香港离岛区长洲的西南部。

　　张保仔籍贯广东江门，自少年时就跟随父亲出海捕鱼，后来清王朝实行海禁政策，渔民们因为失去生计被迫成为海盗。有一天张保仔在海上被海盗郑一捕获。郑一认为张保仔头脑聪明、能言善辩，于是把他栽培为海盗团体的小头目并收他为义子。郑一去世后，张保仔顺利接管了海盗团体，在清政府难以管理的南洋海域活动。

　　张保仔当海盗期间，专门袭击清廷官船和外国商船，截获了大量金银珠宝。由于数额巨大

普通话音频

粤语音频

用也用不完，他便将这些财宝分为三份，天一份、地一份、人一份。天一份，即用于资助当地贫民；地一份，即埋藏于地下以应急需；人一份，即颁奖有功将士。民间也因此传出了张保仔的金银珠宝藏在山洞的传说。

　　时至今日，张保仔洞内已经不再有宝藏的痕迹了，但游客们仍愿意前往感受这位大海盗的传奇人生。

大三巴牌坊

　　圣保禄教堂遗址是澳门的标志性建筑物，同时也是"澳门八景"之一，建筑糅合了欧洲文艺复兴时期的风格与东方传统的风格，体现了东西方艺术的交融，牌坊上各种雕像栩栩如生，富有寓意，堪称"立体的圣经"。

　　在400多年前葡萄牙人侵占了澳门之后，天主教也被带到了澳门。1562年，葡萄牙人就在澳门建起了这座当时东方最大的天主教堂，取名为"圣保禄教堂"。因为在葡萄牙语中"圣保禄"的发音接近粤语中的"三巴"，所以当地人就称之为"大三巴教堂"。后来，教堂经历了三次火灾，但屡焚屡建，直到1835年1月的最后一场大火，吞噬了整座建筑物，仅剩下教堂前的68级石

普通话音频

粤语音频

阶及花岗石建成的前壁。其中因前壁与中国传统牌坊相似，因而得名"大三巴牌坊"。

2005年，大三巴牌坊与澳门历史城区的其他文物正式成为联合国世界文化遗产。如今，大三巴牌坊虽然已经不再有教堂的实际功能，但它与澳门人的生活息息相关。在这里会不定期地举行各种文化活动，牌坊前长长的梯级正好成为天然的座位，让牌坊刹那间变成巨大的布景，好似整个舞台就呈现在人们眼前。

东望洋炮台

　　东望洋炮台又称松山炮台、东望洋山炮台，原本的功能是用于防御外敌入侵，现在则是澳门著名景点之一。这个古老的炮台位于澳门半岛上最高的东望洋山上，是中国现存最古老的西式炮台建筑群之一，也是东望洋山上三大名胜古迹之一。

　　在17世纪初，荷兰人开始侵袭澳门，当时殖民澳门的葡萄牙人命令耶稣会在山岗上建造堡垒，但是依然抵御不住荷兰人的进攻。于是，葡萄牙国王菲利普二世就命令耶稣会加固澳门的防御工事。十年后，他们根据耶稣会的罗神父和在非洲、印度拥有丰富军事经验的卡拉斯科军官的图纸动工，成功建造了大炮台。该工程因为利用了当地原有的一些围墙及山岗上古老城墙的部分墙体，使得建造效率高、炮台战斗力十足。到了荷兰人再次进攻澳门时，登陆的入侵者就被罗神

普通话音频

粤语音频

父从东望洋大炮台上施放的两次猛烈炮火击退。从此以后，东望洋炮台就一直肩负着城市防卫的重要使命。

东望洋炮台在修筑完成后一直被列为军事禁区，非经批准，外人不得擅进，只有每年的8月5日圣母诞及农历九月初九重阳节才开放给公众参观。直到1976年，葡萄牙军队撤出澳门，炮台才正式成为旅游景点，至今仍完整地保留了原貌。

澳门天后宫

澳门天后宫，坐落于澳门路环岛的叠石塘山上，占地近7000平方米，是澳门迄今为止规模最大的庙宇，山上还建造了一座高19.99米的妈祖汉白玉塑像，据说是全世界最高的妈祖娘娘塑像。

传说中，妈祖是林默的化身，在她出生后就一直没有哭啼过，因而取名为林默，意为"沉默的女子"。林默自小就表现出一些神异的功能，她过目成诵，还能理解其中的含义。根据史书记载，当她十几岁的时候，就能看透病人体内病情，能说出别人的吉凶祸福，显得非常灵验，所以人们对她非常崇敬。

有一天林默正在织布，忽然眼前出现她父兄在海上遇难的惨状，于是她掩面哭泣。过了一会儿，果然传来了父兄在海上遇难的消息。后来她

普通话音频

粤语音频

　　就常常为渔民们预报海上的天气变化，使人们避过了台风等自然灾害。当地的渔民非常感激她，就把她当作神女、龙女来崇敬。

　　时至今日，大家仍会在各地天后宫祭拜妈祖，成了沿海地区人民的信仰文化。2009年9月30日，妈祖信俗被列入联合国教科文组织非物质文化遗产名录，成为中国首个信俗类世界遗产。

澳门旅游塔

普通话音频

粤语音频

傲视全岛、高耸入云的澳门旅游塔位于西湾的新填海区，除了观光性质外，更是澳门的会展中心及娱乐消闲地点；338米的"身高"，甚至比知名的奥克兰天空塔和巴黎埃菲尔铁塔都要高。

澳门旅游塔的建成与"澳门赌王"何鸿燊密不可分。上世纪90年代末，时任澳门旅游娱乐有限公司董事总经理的何鸿燊曾到新西兰城市奥克兰游览，对奥克兰新建的天空塔留下了深刻的印象。当时的天空塔是世界上最高的建筑之一，至今仍是南半球最高的建筑。

回到澳门后，何鸿燊下定决心要在澳门建设一座类似的高塔，让世界对于刚改革开放的中国刮目相看，所以他邀请新西兰著名建筑师高登·莫勒来进行设计。澳门旅游塔的建设工程于1998年展开，2001年12月19日正式启用。何鸿燊在开幕式上致辞表示，旅游塔会展娱乐中心的落成，不但为回归后的澳门增添了一座标志性的建筑物，同时也印证他对"一国两制"、"澳人治澳"成功实施的信心，以此作为对澳门回归两周年纪念的一份特别献礼。

如今在澳门旅游塔，人们不仅可以到塔顶欣赏澳门全景，在旋转餐厅内边享用美食边欣赏醉人景致，还可以在林立的奢华商店内尽情享受购物乐趣、体验全球最高的蹦极。

葡京娱乐场

　　葡京娱乐场也叫作澳门葡京酒店，是一家位于澳门南湾友谊大马路西南端的赌场酒店，由甘洺建筑师负责设计，是澳门首家五星级酒店。

　　说起澳门葡京酒店，大家都会想到创始人"赌王"何鸿燊，但其实酒店的创办，与另一位传奇人物——"赌圣"叶汉，也有着很大的渊源。叶汉从小嗜赌如命，十几岁就在赌场当了荷官。他摇骰动作迅速利索，赏心悦目，算账又快又准，还擅长营造气氛，因此，很快就成为赌场里最受欢迎的荷官。许多人就算不赌钱，也要凑到他的桌子前看热闹。在当年赌场一名普通荷官的月薪只有几十元，叶汉的月薪能高达700元。

　　20世纪60年代，叶汉与何鸿燊等人合伙，成立了澳门娱乐公司。何鸿燊担任总经理，叶汉担任赌场总经理。在叶欢的悉心经营下，赌场生意很火，让他们赚得盆满钵满。叶欢被媒体称为

粤语音频

普通话音频

"赌神""赌圣""鬼王叶"，一时风光无两。

但叶欢与何鸿燊因为利益瓜葛发生了矛盾，两人经过一番龙争虎斗，最后何鸿燊将叶汉赶出了澳门娱乐公司，自此之后何鸿燊才成为名副其实的"赌王"。

有意思的是，叶汉早年开赌场，却劝年轻人不要沉迷于赌场。据说，澳门葡京酒店大门上挂着的四句警句"赌博无必胜，轻赌可怡情；闲钱来玩耍，保持娱乐性"，就是叶汉留下来的。

李小龙故居

　　李小龙故居位于顺德均安镇上村李氏宗祠附近，该房是李小龙的祖父李震彪所建，其父李海泉曾经在这里居住过，房屋有一房一厅一厨一天井，为珠江三角洲地区传统的砖木结构民居。

　　说到功夫巨星李小龙，他的一生无疑充满传奇色彩。小时候的他顽皮淘气，身体羸弱，个头很小，患有先天性疾病，怎么看都不像是动作片主角的料。随父母到香港定居之后，开始参与电影表演。他出演首部电影时只有三个月大。在满18岁之前，他已经出演过18部粤语电影。从14岁起，李小龙开始学习咏春拳。那时，他学来的拳术多半用来对付街头的流氓和管区警察。

　　在李小龙年满18岁前夕，他的母亲将他送上开往西雅图的船只。入读大学后，他除了完成学业，还致力于推广中国武术，在一个停车场的角落挂起了"振藩国术馆"的牌子。之后李小龙一直努力扩大他的国术馆，随着他的名气越来越

普通话音频

粤语音频

大，当时不少武术明星和电影明星都来拜他为师。据说因为向外国人传授武术，李小龙与当时在美国的中国传统武术人士发生了一场争执，当地武术界还派出代表与李小龙切磋，最后不敌李小龙的截拳道方才作罢。

　　之后李小龙成为了举世闻名的功夫巨星，并以电影推广中国功夫，得到了空前的成功。虽然李小龙的一生是短暂的，但却如同一颗耀眼的彗星划过国际武坛和影坛的上空，对现代技击术和电影表演艺术的发展作出了巨大的贡献。他主演的功夫片风行海外，中国功夫也随之闻名于世界。许多外文字典和词典里都出现了一个新词"功夫"。在不少外国人心目中，功夫就是中国武术，李小龙也成了功夫的化身。因此，李小龙故居也吸引了国内外的游客来此纪念李小龙，同时怀念那些昔日的功夫电影。

开平碉楼

开平碉楼，位于广东江门开平市，是中国乡土建筑的一个特殊类型，是集防卫、居住和中西建筑艺术于一体的多层塔楼式建筑，其特色是中西合璧的民居，有古希腊、古罗马及伊斯兰等多种风格。

在明朝后期，开平因为地处新会、台山、恩平和新兴四县之间，属于"四不管"之地，导致土匪猖獗，治安混乱，加上河流多，每遇台风暴雨，洪涝灾害频发，当地民众纷纷在村中修建碉楼以求自保。历年来开平地区建造了众多的碉楼，各有不同的功效，其中有着不少精彩的故事。

比如司徒氏在1913年建造的南楼，它是一座有着预警功能的更楼，南面潭江，北靠公路，是扼守潭江和陆路交通的要塞，地理位置

普通话音频

粤语音频

十分重要。

在1945年，原来驻扎海南岛的日寇沿潭江向广州方向撤退。要顺利通过潭江，必须占领南楼。于是日寇决定深夜偷袭南楼。当时，楼内有七名自卫队员，年龄最大的38岁，最小的18岁，队长司徒煦是东南亚的归侨。他们很快就发现了日寇的踪迹，靠着七个人死守南楼，利用碉楼易守难攻的地利，竟然将日寇拖在此地七天之久。最后，日寇使用毒气，才将七位壮士杀死。如今，司徒氏家族将南楼交给了市政府管理，七壮士的事迹则在开平侨乡流传千古。

开平碉楼保留发展至今，在2001年被国务院批准列入第五批全国重点文物保护单位名单。2007年，"开平碉楼与古村落"正式列入《世界遗产名录》，成为中国第35处世界遗产，中国由此诞生了首个华侨文化的世界遗产项目。2021年，又被评定国家5A级旅游景区。

鼎湖山

鼎湖山位于广东省肇庆市东北部，由10多座山组成，主峰海拔1000米，是珠江三角洲地区的最高峰。鼎湖山集风景旅游、科学研究、宗教朝拜于一体，被称为岭南四大名山之首。

但是鼎湖山这个名字的由来，却是众说纷纭，有说是因山顶有湖，四时不涸，故名"顶湖"；有说是因中峰圆秀，山麓诸峰三歧，远望有如鼎峙，故名"鼎湖"。除此之外，关于鼎湖山的名字还有一个有趣的民间传说。

相传，黄帝平定了中原以后，便来到一座大山中开炉铸鼎。黄帝向上天祈求铸鼎之水，于是上天就在三峰鼎立处灌满了碧水给黄帝铸鼎，从此山顶便有了湖。宝鼎铸好后，玉皇大帝派来了

粤语音频

普通话音频

神龙把黄帝接到天上做神仙去了。后来人们把顶湖山称为黄帝铸鼎的地方，更名为"鼎湖"。

　　不管鼎湖名字究竟是如何而来，单是它秀丽的景色就吸引了无数游客前来观赏，而在1979年，鼎湖山成为中国第一个国家级自然保护区，被誉为"活的自然博物馆"。

德庆学宫

德庆学宫是全国重点文物保护单位，位于广东肇庆德城镇朝阳路，始建于宋祥符四年，这座庄严的古建筑群由大成殿、崇圣殿、尊经阁、乡贤祠、杏坛等建筑组成，是我国元代木构建筑的瑰宝。

在中国未有现代小学、中学、大学之前，学宫是培育人才的重要场所。学宫，又称作孔庙，也是学子们纪念伟大先师孔子的地方。

孔子作为中国历史上伟大的教育家，他独特的教学方法也为后世留下了思考和启示。

有一次，孔子的学生子路问他："老师，如果我听说一个主张很好，是不是应该马上实行？"

孔子回答说："还是要找比你有经验的父兄长辈请教，怎么能马上实行呢？"

普通话音频

粤语音频

　　而另一位学生冉有问孔子同一个问题，孔子却回答说："当然应该马上实行！"

　　学生公西华见老师对同一个问题给出不同答案，十分疑惑，去请教孔子。孔子说："冉有遇事畏缩，所以我鼓励他勇敢；子路为人轻率，所以我叮嘱他慎重啊！"

　　正因为有着因人施教的教育观念，孔子才成为中国历史上最受推崇的教育家。

　　从古至今，各地的孔庙无论规模大小，庙内都设有大成殿，殿内安放着孔子塑像。

　　在中国南方众多的孔庙大成殿中，论建筑规模之大、结构之巧、气势之雄，应首推德庆学宫大成殿。这座大成殿始建于北宋元丰四年，至今已有九百多年历史。德庆学宫是南国古建筑的一颗明珠，在1962年，被广东省列为第一批省级重点文物保护单位。

东江纵队纪念馆

广东东江纵队纪念馆位于东莞大岭山镇一个百年客家古村——落大王岭村内，是展示广东人民抗日游击队东江纵队历史的专题纪念馆。

东江纵队是中国共产党在抗日战争时期在广东东江地区创建和领导的一支人民抗日武装，被誉为"广东人民解放的一面旗帜"。在远离党中央、远离八路军和新四军主力的艰难情形下，东江纵队从无到有、从小到大，逐步发展成为一支拥有1万多兵力的抗日劲旅。

而在纪念馆的这些文物中，有一台特别的印刷机。这台印刷机现在属于国家二级文物，当年最开始是由《博罗日报》引进购买，为了避免日军扫荡，机器被藏在了村民陈敬请家里，后来东江纵队领导机关迁到罗浮山，东江纵队派遣10多

普通话音频

粤语音频

名战士，突破敌人重重封锁线，硬是用扁担将这部笨重的印刷机抬上了罗浮山朝元洞，交给东江纵队《前进报》社使用，而这台印刷机帮助东江纵队在传递革命消息、宣传鼓舞百姓抗战方面发挥了重要作用。

东江纵队纪念馆是当前广东省规模最大、设置水平最高的抗日战争类博物馆。自2005年9月3日开馆以来，该馆积极开展爱国主义宣教工作，被团中央命名为全国青少年教育基地，与此同时该馆被评为国家级4A景区，常年免费对公众开放，而东江纵队的革命精神也得以发扬和传承。

六榕寺

　　六榕寺是广州著名的佛门名刹，历史最早可追溯到420年左右，原名宝庄严寺。在537年，沙门昙裕法师从扶南（柬埔寨）请来佛陀舍利回到广州，当时的梁武帝下诏在宝庄严寺的大殿前修建舍利塔。

　　这座历经数个朝代兴荣更替的寺庙，大门旁有副对联，上联"一塔有碑留博士"，下联"六榕无树记东坡"，分别记述了六榕寺与唐宋两位著名的大文豪的渊源。

　　相传唐上元二年，初唐四杰之一的王勃来到广州的宝庄严寺，应主持的邀请，挥毫泼墨写下了《广州宝庄严寺舍利塔记》。不料，随后不久，王勃在坐船前往南海探亲的途中，遇到大风浪溺水身亡，这篇碑文竟成为了他的绝笔。这位

普通话音频

粤语音频

写下了千古名篇《滕王阁序》的诗人，少年时就已名满天下，却又怀才不遇，"一塔有碑留博士"，是民国初年后人撰写的，纪念王勃为舍利塔撰写的碑文。

而另一位大文豪的遭遇却迥然不同。北宋元符三年，苏东坡从海南北归长安时，路经广州，当时宝庄严寺已改名净慧寺，僧人仰慕东坡的大名，极力邀请他为寺里题字。苏东坡见寺内有六棵枝叶繁盛的古榕，便欣然提笔写下"六榕"二字。后人仰慕东坡的为人和文采，便将净慧寺改为"六榕寺"，六榕寺之名因此而来，至今寺门仍悬挂着东坡手迹"六榕"二字。

三元宫

　　广州三元宫位于越秀山南麓，是岭南地区历史最悠久的道教宫观，是319年东晋南海郡太守鲍靓为其女儿鲍姑在此行医修道而建。鲍姑仙逝后，当地的百姓感恩其医德善功，于是集资塑像，祀奉院内，称为鲍姑祠，到明代才扩建并改名为三元宫。

　　鲍姑出身于官宦家，从小喜欢读书，尤其是喜欢医学。后来，她嫁给了著名的道教名士葛洪，夫妻二人在广东一带行医救人，而鲍姑因此成为我国历史上第一个从事艾灸方面的医学家，也成为第一个被载入史册的女医生。

　　关于鲍姑，民间流传着不少她的故事。

　　相传某一天，风和日丽，鲍姑在行医采药回归途中，经过一河边，看见一位年轻姑娘在河边的石头上，一边临水自照一边痛哭流涕，一副悲

普通话音频

粤语音频

伤欲跳的样子。鲍姑医者父母心，就上前和姑娘搭话，只见姑娘面带纱巾，两眼通红。

鲍姑的和蔼，让姑娘敞开了心扉揭开面纱，只见她脸上长了许多黑褐色的赘瘤，十分难看。乡亲们因此都鄙视她，连给她说亲的人都没有，故而顾影自泣。

鲍姑问清缘由，仔细地研究了姑娘的病情，心下了然，自己所擅长的艾灸能够医治她的赘瘤。于是就从药囊中取出红脚艾，搓成艾绒，用火点燃，让烟雾轻轻地在姑娘脸上熏灼。经过几次熏灼之后，姑娘脸上的疙瘩全部脱落，看不到一点疤痕，变成了一个美貌的少女。

姑娘千恩万谢，拜别鲍姑而去，自此生活幸福美满。

鲍姑的医术，固然未必如传说之中的神奇，但她为当时南粤地区人民所做的善举，则一直为大家所铭记，三元宫至今供奉她的塑像，正是明证。

沙湾古镇

　　位于广州番禺的沙湾镇，虽然只是岭南地区一个规模不大的小镇，却是一个历史悠久、拥有深厚文化底蕴的文化古镇。

　　南宋末年，何、李、黎、王、赵诸姓人相继定居于此，历经800多年时代变迁，沙湾形成了自己独特的文化魅力，不仅含有岭南文化的因子，也有着中原文化的成分。因此，沙湾的民间文化极其丰富，至今保留了大量明、清、民国时期的建筑，青砖瓦房、蚝壳屋墙，大量砖雕、木雕、石雕、灰塑、壁画等艺术精品。古镇上还有很多各式各样的古祠堂和纪念馆，形成了闻名珠三角的"三街六市"。

　　沙湾玉虚宫曾经是何氏大宗祠的一个偏祠，如今则供奉沙湾人最敬仰的北帝。北帝是北方之神，相传是明成祖朱棣让工匠按其容貌铸造而成，关于这位工匠，还有一个这样的故事。

普通话音频

粤语音频

　　相传，这名工匠在铸出北帝像后十分欣赏自己的杰作，便偷铸了一个，运回家乡供奉。工匠去世后，他的两个儿子为争夺北帝像起了纷争，最终闹到了衙门，时任地方官的正是在异乡为官的沙湾人李潞远。为得到北帝像，两兄弟争相贿赂李潞远，最后闹到倾家荡产，方才后悔莫及。

　　幸好李潞远并非贪得无厌的昏官，他将两兄弟行贿的财物全都保存在仓库中，在两人穷途末路时还给了他们。两兄弟欣喜若狂，经过一番商议，决定把北帝像送给李潞远。后来，李潞远任期届满告老还乡，回到了沙湾镇，把北帝像送给了家乡父老，继而成为当地人供奉的神明之一。

黄埔军校旧址

　　黄埔军校旧址位于广州黄埔长洲岛，1924年孙中山在中国共产党和苏联顾问帮助下，创办了培养军事干部的学校。在漫长的革命战争中，黄埔军校曾为国共两党培养出许多军事人才，后来有不少都成为抗日名将。

　　在那个国家动荡、被列强欺负的年代，当黄埔军校招生信息传到全国后，成千上万的青年投笔从戎，纷纷南下广州，报考黄埔军校，立志从军报国。"到黄埔军校去"，成了当时青年人最时尚的口号。

　　黄埔军校也有着严明的纪律，一个学生从入学伊始，方方面面都有着全方位规划，小到穿衣、为生，大到训练、学习，均有着具体条文明确规则。以吃饭为例，吃饭时必须保持肃静，不得互相交头接耳，也不许碗筷发出声音。吃饭的坐姿必须端正，脚不能放在凳子上，不能将两肘部置于桌面……如此严明的纪律，严格的训练，

普通话音频

粤语音频

让所有入校的年轻人迅速成长起来。

　　黄埔军校群英荟萃，名将辈出，一个个名字如雷贯耳，在中国近代史和军事史上具有重要意义。在中国人民解放军十位元帅中就有五位出自黄埔军校，他们是徐向前、叶剑英、聂荣臻、林彪和陈毅。中国著名的军事指挥家、中国人民解放军大将，陈赓曾经在黄埔军校学习进修时，还和蒋先云、贺衷寒二人被并称为"黄埔三杰"。

　　五湖四海的热血青年汇聚到黄埔岛上，接受新型的军队训练，在中华民族危亡时刻，挺身而出。比如，黄埔师生东征北伐中，赴汤蹈火、冲锋在前，成为打倒列强，铲除军阀的主力和先锋。在抗日战争中，他们又浴血奋战、前仆后继，担当起救国救民的重任。

十三行路

广州自唐代以来就是我国重要的商贸港口，而广州十三行则是在清朝时期对外贸易与文化交往的特殊组织。

清朝康熙年间，在收复台湾、解决了海外的隐患之后，朝廷解除了海禁政策，广州成为主要的贸易口岸之一。当时的粤海关自行招募了十三家比较有实力的商行，代理海外的贸易业务事宜，所以俗称为"十三行"，而十三行的所在地，则被命名为"十三行路"。

十三行虽名十三行，但并非一直都是十三家，它随着进港洋船货舶的多少等因素而增增减减，其中以潘、伍、卢、叶四大行商为首，这些当时的富商之间，曾经发生过不少有趣的故事。

据说有一回，一家英商公司提出要由怡和行独家担任羽纱的销售代理。这本是一笔人人羡慕、盈利颇丰的大生意，但怡和行行长伍秉鉴知

普通话音频

粤语音频

道后却高兴不起来。原来在
此之前，有好几家行商的老
板都抢着想要接这份生意，
甚至不惜动用金钱走关
系。伍秉鉴知道，自己
如果独家接手这笔生
意，肯定会得罪其他
行商，同时也会遭到同
行们暗中挤兑和报复。
他思来想去，终于想到
一个好办法。

　　过了几天，恰好是
伍秉鉴的生日，他派人挨家挨户把所有行商都叫到自己家来吃
饭。席间，他客气地对大家说："今日借饭局款待大家，有一事
与各位商量。诸位可能听说了，英商公司想让怡和行做他们产品
的代理，可惜我伍某资金有限，难以一家之力承担，所以恳请大
家和我一起集资，日后有钱大家赚，不知诸位意下如何？"

　　这笔生意大家本来都垂涎欲滴，现在伍秉鉴愿意与大家分享
利益，一众行商自然齐声附和。如此一来，怡和行虽然少赚了一
些钱，但却得到行商拥戴，人气一路攀升，后来更成为了十三行
之首，伍秉鉴也一度成为中国首富。

白水寨

　　位于广州市增城区派潭镇的白水寨被誉为是"北回归线上的瑰丽翡翠"，这里拥有原始森林、浅滩湿地、峡谷天池等广东罕见的自然生态资源，其中最令人瞩目的当属落差高达428.5米的我国内地落差最大瀑布——白水仙瀑布。

　　传说，这道大瀑布之所以名为"白水仙"，与八仙之中的何仙姑飞升有关。

　　何仙姑本名何秀姑，是增城县小楼区新桂乡人。她出生的那天，一团鲜艳祥瑞的紫气笼罩在何家茅屋的上方，一群仙鹤在紫气中上下飞舞。

　　十四岁的时候，她遇见了吕洞宾，吕洞宾向她出了好几道难题，何秀姑都伶俐地一一作答，吕洞宾心中大喜，心想何姑娘不仅貌似天仙，而且心灵机巧，有仙家慧质，于是露出真身，向何秀姑的父母说明来意，要度何姑娘成仙。

　　但何家父母只有一女，说什么也不肯让女儿

普通话音频

粤语音频

离家步入仙界。夫妇俩为了拴住女儿不让其离开，急急为何姑娘挑选了夫婿，并择下日子成亲。

何秀姑虽然十分孝顺父母，但自知天命如此，修道与尽孝不能两全。结果成亲当天，何秀姑不告而别，只在书房留书，言明自己立志修行。

当吕洞宾与何姑娘乘彩云经过增城派潭北部群山时，何姑娘忽见一女子顺着深涧往下漂，她正想前往相救，吕洞宾却哈哈大笑道："水中的女子，是你的凡体，不必相救。"何仙姑不忍心见自己的身体在水中漂浸，于是施起法术，按照自己身体的模样将肉身点化成一条巨大的瀑布。瀑布如一侧立的女子，面向南边，意思是何姑娘虽然已成仙人，但肉身永留家乡，守望南边自己的故乡。

这条巨大的瀑布，正是现在的白水仙瀑布。

上下九

普通话音频

粤语音频

广州的上下九步行街是远近闻名的传统繁荣商业中心,由荔湾区的上九路、下九路、第十甫路组成。步行街的骑楼建筑连绵千米,始建于清代,在漫长的历史长河中,逐步形成了中西合璧的西关风情特色的商业步行街,并构筑成一幅独特的、绚丽多姿的西关风情画。

而最能显示上下九地区悠久历史的,则是在上下九步行街的一块"西来古岸"石碑,是为纪念达摩来华传教最初登陆而立的。

相传早在6世纪,广州的这一区域已是商业聚集区。印度高僧达摩,生于南印度,婆罗门族出身,出家后倾心大乘佛学和禅法。他远渡印度洋和太平洋,经过三个寒暑的跋涉奔波,终于在广州登岸。现在的广州荔湾区是古代广州城西的商业区,濒临珠江,从海道前来广州的商人和僧侣多在此上岸。达摩航海西来,也是在珠江边的码头靠岸。

登岸之后,达摩就在不远处结草为庵,禅坐传教,他弘扬禅宗妙旨的地方被称为"西来庵",是今天华林禅寺的前身,为中国佛教禅宗的创立起了重大的作用。达摩后来被尊为中国佛教禅宗的始祖,在传说中更成为少林武功的创始人,因为达摩的鼎鼎大名,人们就把他自西域航海来华最初登陆之地叫作"西来初地"。

五仙观

　　五仙观历史悠久，素有"广州祖庙"之称，坐落在广州市惠福西路的坡山上，是一座祭祀五仙的谷神庙。

　　传说，周朝时，广州遭遇连年灾荒，农田荒芜，农业失收，民不聊生。一天，风和日丽，忽然从南海天空飘来五朵彩色祥云，上有五位仙人，身穿五色彩衣，分别骑着五只不同毛色、口衔稻穗的仙羊，降临于广州。仙人们把稻穗分赠给广州人民，并祝福此地今后永无饥荒。说完，五位仙人飘然离去，留下五只依恋人间的仙羊。后来人们将稻穗撒播大地，从此这里年年五谷丰登。五只仙羊后来化为石羊，继续保佑人民风调雨顺，幸福吉祥。广州因此又被称为"五羊城"。

　　广州人民为了感激五位仙人，就在他们当年降临的地方修建了一座"五仙观"以示纪念。

普通话音频

粤语音频

五仙观内有一口巨型大铜钟，由一根细小的葛藤悬挂着。令人惊异的却是藤身仅有指头般粗，却能稳稳吊起逾万斤的大钟，数百年而不断，关于这个铜钟，也有一个故事。

传说在很久以前，有一大官乘坐八人抬大轿路过此地的时候，扎轿杠的绳索断了，大官暴跳如雷，限令轿夫们在半时辰内找到绳子扎好轿杠。轿夫们正焦急找着，忽见路旁走来一位老人指着山岩上的一条葛藤说："可用那藤。" 轿夫见藤又细又短，以为老人要戏弄他。轿夫一转头老人就不见了，才知道遇着仙人，连忙扯下葛藤去扎轿。也真神奇，葛藤越扎越长，直到轿杠扎得结结实实才用完。到了驿站，轿夫仔细察看，见藤尾刻有"吕洞宾"三个字，这才恍然大悟，原来是吕洞宾所赐的仙藤。后来坡山建五仙观、盖大钟楼，要找绳索吊大钟，轿夫便把仙藤献出，此葛藤成为五仙观内一道奇观。

光孝寺

在广州繁华的市中心坐落着一座千年的古寺——光孝寺。光孝寺始建于1700多年前，所以广州民间甚至有"未有羊城，先有光孝"之说。寺内古迹遍布，古木参天，香火旺盛。

在寺内，从菩提树到瘗发塔、六祖堂、风幡阁，处处都有六祖惠能大师的"身影"。他和光孝寺有怎样的故事呢？

相传，当年惠能因为聪颖和智慧，从禅宗五祖弘忍那里得到秘传衣钵，却遭到了以神秀为首的师兄弟们的妒忌。为逃避追赶，惠能一路南下，翻山越岭，历尽艰辛，回到新兴故乡后隐姓埋名，一晃就过了16年。

直到唐高宗上元三年，惠能听说大法师印宗来到广州光孝寺开坛讲法，遂前去听讲。到了寺里，宗法师正在讲经，惠能悄悄地进去恭听。忽然吹来一阵大风，悬挂在大殿的佛幡被吹得左右摇动，印宗法师向众僧提问：到底是风在动？还

普通话音频

粤语音频

是幡在动？

　　弟子们议论纷纷，有的说叫风动，有的说是幡在动，一时间双方各执一词。惠能见双方相持不下，随口说了一句："不是风动，不是幡动，仁者心动。" 印宗法师见惠能语出不凡，连忙就请惠能为大家讲法。六祖就把五祖传给他的衣钵拿出来给大家看，众僧一见之下，纷纷跪拜。

　　不久，印宗法师在光孝寺大雄宝殿后面的一棵菩提树下，为惠能削发受戒，在场的有当时的十薇高僧。后来人们在惠能的头发埋藏之地盖了一座塔，名叫"瘗发塔"。从此， 惠能便在光孝寺传经讲佛，被尊为禅宗的六祖。

镇海楼

位于广州市越秀公园小蟠龙冈上的镇海楼，又名望海楼。

明朝洪武十三年，永嘉侯朱亮祖扩建广州城，把城墙扩展到越秀山上，并在山顶建楼五层，这便是镇海楼了。此楼又名"望海楼"，是因当时的珠江河道很宽阔，本地人都将"江"称为"海"，所以将"望江"就变为"望海"了。

关于镇海楼的由来，民间流传着一个有趣的传说。

相传，朱元璋建立明朝定都南京之后，一天，他和铁冠道人游览南京钟山。兴意正浓的时候，铁冠道人望着天空良久，忽然指着东南方对朱元璋说，广东海面笼罩着青苍苍的一股"王气"，似有"天子"要出世了，必须立刻在广州建造一座楼镇压住"龙脉"，否则日后必成大明

普通话音频

粤语音频

的祸患。朱元璋听后心神不宁，游览兴趣顿失，急忙派人到广东视察，果然发现了广州的越秀山上出现王者之气。朱元璋收到使臣的回报后，立即下诏，命令镇守广州的永嘉侯朱亮祖在山上建一座四方塔楼将王气镇住，以保大明江山。

圣旨下来，朱亮祖自然不敢怠慢，于是立即大兴土木，在越秀山上兴建了这座"楼成塔状，塔似楼形"的镇海楼。此楼呈绛红色，据说亦有辟邪镇王之意。

镇海楼至今600多年间，多次经历被火焚毁和人为破坏，而后又一次次被重建、修缮。在楼前碑廊旁边，有一批古炮，是当年林则徐到广州禁烟时，为加强广州城防，命佛山炮工铸造的，也是鸦片战争期间广州人民抗击外国侵略的武器。

陈家祠

陈氏书院，俗称陈家祠，是我国的重点文物保护单位，也是广东规模最大、保存较为完好的传统岭南祠堂式建筑，不仅被誉为"广州文化名片"，还曾两度入选广州"新羊城八景"，是岭南著名的旅游景点以及最具文化艺术特色的博物馆。

俗话说"好事多磨"，相传建这座祠堂时，就曾经"磨"出了一段奇事。

原本，陈氏族人没有一处聚会议事的场所，有人就建议在榕城择一吉地，建一座全县陈姓共有的"陈家祠"。陈氏建祠理事会很快选中了榕城城隍庙前的一片土地作为祠址。可是，在祠址的范围内有一位寡妇，死活不肯卖自己的祖屋，于是理事们就找来了溪南顶乡一位聪明绝顶的秀才，想了个好办法。

有一天，寡妇正在祖屋埋头织麻，抬头一看，发现一个秀才模样的人在门口小便，她又气

普通话音频

粤语音频

又羞，破口大骂，还与秀才扭打起来，一把撕破秀才的衣衫，秀才随即就走去了县衙告状。

县太爷听完秀才的诉说后，十分生气，下令要没收她的住房。寡妇见诉说无效，哭哭啼啼就走出了县衙。回到家，一个绅士模样的人站在门前，不仅主动上前安慰她，还说见她如此可怜，与其他人凑了些银两，给她搬到别的地方。

原来这个绅士模样的人，正是陈氏建祠理事会派来的。理事会众人见这寡妇孤苦伶仃，迫不得已才出此下策。就在寡妇搬出不久之后，陈家祠就顺利建成了。陈家祠作为广州著名的人文景观，其雕刻、彩塑都精巧绝伦、巧夺天工，令人惊叹不已。文学家郭沫若还曾写诗赞叹过陈家祠："天工人可代，人工天不知，果然造世界，胜读十年书。"

石室圣心大教堂

普通话音频

粤语音频

石室圣心大教堂由法国设计师设计、中国工匠建造而成，被誉为"远东巴黎圣母院"。它于1861年开始建造，并于1863年6月18日，即"圣心瞻礼日"举行奠基典礼，因此被命名为圣心大教堂。

圣心大教堂的由来与1856年的第二次鸦片战争息息相关。

当年英法联军攻破广州时，将两广总督行署夷为平地。而当时罗马教廷任命的两广教区"宗座监牧"传教士明稽章，偏偏看中了被夷为平地的两广总督行署，提出要在这块地上建造教堂。但时任两广总督的劳崇光拒绝了他的无礼要求。于是明稽章联合法军司令，威胁劳崇光一天之内把土地给他，否则法军将对广州实行全城戒严。

无奈之下，劳崇光唯有向皇帝申请，这时候清朝朝廷正被太平天国搞得焦头烂额，咸丰帝只想尽快息事宁人，于是下诏批准明稽章在两广总督行署建造广州圣心大教堂。在建造过程中，明稽章还专门从罗马和耶路撒冷运来了一公斤泥土，以此表达天主教创立于东方耶路撒冷，兴起于西方罗马。

现在去参观石室圣心大教堂，还能在教堂东侧的墙角下看见"JERUSALEM 1863（耶路撒冷1863）"，在西侧墙角下看见"ROME 1863（罗马1863）"的刻字。现在的石室圣心大教堂成为广州市内一处见证近代历史的地方。

岭南印象园

　　岭南印象园位于广州大学城的南部，是集观光、休闲、娱乐、住宿、餐饮、购物于一体，体现岭南乡土风情和岭南民俗文化的旅游景区，不仅让人了解岭南印象园历史的由头，还复原了岭南民间繁荣的生活场景。

　　每位游客一进入园区，必定会率先看到许多山墙与炒菜锅的锅耳形状相似的建筑，这就是独具岭南特色的"镬耳屋"。在它背后也有着一个颇为有趣的故事。

　　明朝中期，珠江三角洲一带出过一位名叫梁储的名臣，官至内阁首辅，曾经担任过太子的老师，又曾经迎立嘉靖帝，是明朝中期一位重要人物。相传他告老还乡时，皇帝依依不舍地问他有何要求，梁储就奏请皇上准其在家乡建一间仿照皇家建筑式样的房子，用于怀念皇上。鉴于梁储

普通话音频

粤语音频

资历深、功劳大、威望高，皇帝批准了梁储的奏请，让他在家乡建造了这种略似皇宫但又具岭南民居特色的镬耳大屋。

按照传说和习俗，镬耳屋的修造必须遵循祠规、族谱所拟定的标准、样式、尺寸。有功名、有官位、有名望的家族才能依照品级高低、财富多寡建立高低不一的镬耳墙，否则即为名不副实。但随着时代的变迁，这种堂皇雄伟的建筑也逐渐平民化，但也只有大户人家才有条件拥有这样的豪宅，所以也有"千两黄金万担谷，夜夜笙歌镬耳屋"的说法。

西樵山

西樵山是广东省四大名山之一，是中国国家森林公园、中国国家地质公园、国家重点风景名胜区。因为它是我国最早发现古人类在火山岩活动的地方，所以被考古学家誉为"珠江文明的灯塔"。

而在坊间，西樵山还有一个别称叫"分手山"，说是只要情侣上西樵山游玩之后都会不明不白地分手，其实这个别称是源于一个凄美的传说。

相传在明朝末年，西樵山上有位叫桂花的姑娘与山里的一位叫鹰强的汉子相恋。后来鹰强加入了南明的军队，要出征去对抗清军入侵。临别前，两人分别把两碗酒倒在两株桂花树下，相约待鹰强凯旋一同赏花、饮酒。而就在鹰强走后第七天，西樵山上的桂花开了，还是血红色的。桂花姑娘就把飘落在树下的花收集起来酿造成了桂

普通话音频

粤语音频

花酒。

　　桂花姑娘日复一日在树下等待她的爱人回来，但直到她离开了人世，鹰强还是没有回来，山里人就将她葬在桂花树旁。如今，这几株已有几百年历史的桂花树仍然生长在西樵山丹桂园内，诉说着这一段充满遗憾的爱情。

　　其实关于西樵山的传说众说纷纭，但无论如何，真心相爱的人不会因为一个传说就分开的。因此大可不必因为一个传说，而错过了西樵山富有历史而美丽的风景。

千灯湖

千灯湖位于广东省佛山市，自1999年7月开始建设，于2001年正式投入使用，总计有1300余盏景观灯。作为佛山最大的免费公园之一，千灯湖每天都吸引着成千上万的游人或情侣在此游玩，居住在周边的居民也非常喜欢在饭后前去散步、赏风景。

大多数人可能都认为，千灯湖因公园内有上千盏灯而得名，但当初规划者的思路并非如此，"千灯湖"其实是寄托着南海人的水乡情怀。

时任南海市规划局局长的吕耀国接受媒体采访时说过，景观设计公司的设计理念是尊重南海的风土人情。南海每年的龙舟赛很热闹，设计师在观看过南海人赛龙舟后很受触动，于是在设计千灯湖景观时，也特意设计了小龙舟代替游艇，在小龙舟的两端用两个中国传统的红灯笼点缀，

普通话音频

粤语音频

晚上可以点亮灯笼。晚上，市民泛舟湖上，星星点点的红灯笼就是千灯，"千灯湖"的名称其实是由此而来。

　　当年千灯湖公园刚一开放，就令人眼前一亮，它打破了传统以绿地和建筑物为主的中轴对称手法，以从山到水的水系景观为城市中轴线，突出表现岭南风光的水乡特色，充分体现出了人、自然、社会相统一的主题。

黄飞鸿纪念馆

　　黄飞鸿纪念馆位于广东省佛山市，总占地面积5000多平方米，内部设有陈列馆、影视厅、演武厅、演武天井等。馆内除了介绍黄飞鸿的生平事迹，还展示了近年来关于黄飞鸿的各类文艺作品以及上千件的珍贵文物。

　　一提到黄飞鸿，大家很容易就会联想到他的成名技"无影脚"。但其实无影脚不是黄飞鸿的独创武功，而是黄飞鸿从宋辉镗那里学来的。

　　据说，黄飞鸿开武馆之后，在当地小有名气，一位拳师听说以后，硬要上门与他切磋一番。这个拳师就是宋辉镗。一开始黄飞鸿不知道宋辉镗的实力，便以防守为主。在两三个回合之后，黄飞鸿转守为攻，连续破了宋辉镗的招式。但就在黄飞鸿以为自己胜券在握时，宋辉镗大喊道"看拳"，紧接着宋辉镗连续不断出拳，看得黄飞鸿眼花缭乱，渐渐转为守势。就在这时，宋辉镗忽然一记飞腿，将黄飞鸿踢得连退好几步。

普通话音频

粤语音频

黄飞鸿不禁喝道"好厉害的功夫"！

在得知这招叫"无影脚"后，黄飞鸿就诚恳地提出了希望拜师学习无影脚。起初宋辉镗坚定拒绝了黄飞鸿的请求，但在一番讨论下，二人最终决定以"绝"易"绝"——宋辉镗教黄飞鸿无影脚，而黄飞鸿教宋辉镗铁线拳和伏虎拳。最后无影脚就在黄飞鸿那儿发扬光大、名震八方。

黄飞鸿可以说是佛山的一个代表人物，他所带给全中国乃至全华人的不仅仅是几套拳法脚法，还有侠义精神和忧国忧民的情怀。喜欢功夫的朋友们一定要去黄飞鸿纪念馆，领略一下黄飞鸿过去的风采。

平海古城

　　平海古城位于广东省惠州市，距今已有600多年的历史，被誉为岭南文化的一块"活化石"。由于形状看起来像是燕尾古钟，平海古城又被人们称为"钟城"。

　　元末明初，沿海海盗猖獗，明太祖朱元璋就派花茂将军去到惠州境内，在平海的一片无人海滩上建造一座全新的城市以巩固海防，加强朝廷的海权。在之后的岁月，平海古城就确实如同它的名字一样，守护着这片海域的和平，一次又一次地抵抗着倭寇和海盗的入侵。

　　除了这一段历史以外，平海古城还孕育了一种独特的混合型方言土语——"平海军声"，这是因为南腔北调的人们为了守护城池和商贸交易等原因而聚居于此，不同的方言长期互相渗透而

普通话音频

粤语音频

成的。军声语音极富音乐性，总给人以清新、亲切的感觉。它是一种以北方语音为基础，融进了广州话、潮州话、客家话的汇合体，对多种方言能运用自如，对答如流。因而，粤东一带流传着"晓得平海话，走遍通天下"之说。

　　历经数百年沧桑，平海古城这一块岭南文化的"活化石"，至今仍较为完整地保留着四座城门楼、部分城墙、完整的十字古街、大部分古民居以及大量的历史文物，在为我们讲述着它的历史故事。

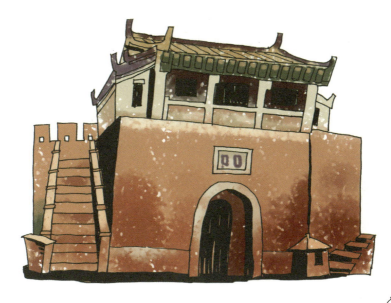

大鹏所城

　　大鹏所城，位于广东深圳大鹏新区鹏城社区，始建于明洪武27年，至今已有600多年历史。它是明清两代中国海防的军事要塞，深圳的别称"鹏城"，就来源于此，移民城市的传统也在这里植根。

　　"沿海所城，大鹏为最"，自明初建城以来，大鹏所城一直担负着深港地区的海防安全，多次抵御和抗击了葡萄牙殖民者、倭寇和英国殖民主义者的入侵，是明清时期反抗外侮、捍卫主权的主要海防堡垒之一。历经600多年风雨的海防所城，有久远的历史和文化。据说在明清两代，大鹏所城就出了武略将军刘钟、徐勋、赖氏"三代五将"、刘氏"父子将军"等军官将领，它也因此赢得了"将军村"的荣誉。大鹏所城还是鸦片战争的肇始地，清代守城将军赖恩爵就在

普通话音频

粤语音频

这里率领清军打了鸦片战争的第一场战役——九龙海战。此战中赖恩爵因为作战英勇，还被道光皇帝恩赐"巴图鲁"称号。

"悠悠小巷深几许，至今故老言犹忆"，600年前来此军屯的健儿的后代在此生生不息，先辈们保家卫国的故事依然口耳相传，传诵至今。

如今，这里成为环境优美的风景区，拥山抱海，空气清新，很难让人联想起这是个曾经历经战火之地。

金台寺

　　金台寺，位于珠海市斗门区境内，背靠珠江门户第一峰黄杨山，是黄杨八景之一。金台寺环境秀丽，山水夹流，每逢佛诞以及习俗节日，山上总是游人如云，寺内更是香客如潮。

　　相传在南宋末年，年幼的祥兴帝赵昺和他的忠臣护卫在广东新会崖门海面上，与元军展开了激烈的斗争，但以失败告终。丞相陆秀夫不堪其辱，带着年幼的祥兴帝投海殉国。而大将张世杰奋起反击，率领余部突出重围。但是，他们在南海上遇到狂风暴雨，船舟倾覆，不幸身亡。大将张世杰的遗体随着水流漂流到了珠海黄杨山脚下，村民们为了纪念这位伟大的将军，便把他安葬于黄杨山麓。

　　而遗臣赵时从、龚行卿、邓光荐等人为了逃避元兵追杀，藏身于黄杨山第二峰腰，并在这里

普通话音频

粤语音频

建房隐居，取名"金台精舍"。他们在这里自比贤士聚会，假借讨论学问的名义，密谋抗元。后来，赵氏的后代把"金台精舍"改名为"金台寺"，用于出家人修行办道。

在历代更替中，金台寺遭到过不少破坏。20世纪90年代初，金台寺的修复工程正式启动，才有了现在的模样。如今，金台寺风景秀美，前眺崖门海口，后枕黄杨主峰，是名副其实的风景胜地。

莲花山

在广州市番禺区珠江口狮子河畔，有一座由48座红色砂岩低山组成的丹霞地貌——莲花山。莲花山又叫"石砺冈"，它有着密度高的优质红砂岩，是历代先民开采石料的优选之地。从西汉时期起，由于人们的不断开采，在山上形成了逶迤数里的石林与岩洞，留下了许多雄伟壮观的红色砂岩景观。因此人们称莲花山为"人工无意夺天工"。

关于莲花山还有一段神奇的传说。相传在很久以前，南海一带有一条孽龙，它常常在珠江口岸地区兴风作浪，时而淹没田地让庄稼毁坏，时而掀起大浪，颠覆出海打鱼的船只。附近的百姓饱受它的折磨，生活十分窘困。有一年，南海观世音云游此地，发现这条孽龙无恶不作，导致生灵涂炭。观音怜悯受苦的百姓，于是大发慈悲，将其乘坐的莲花掷向水中，镇住了孽龙。有了

普通话音频

粤语音频

观音的庇佑，自此孽龙不再作恶，人们的生活也恢复了平静。后来，这朵莲花化成了巨石，镇于山中，成了今日莲花山南天门边的莲花石，而莲花山之名也正是由此而来。

莲花山历史悠久，作为一位历史老人，它见证了2200多年历史的发展与变迁。它拥有国内罕见的、具有两千多年历史和保存得最完好的古采石场遗址，是国内仅见的"人工丹霞"奇迹。

普通话音频

粤语音频

宝墨园位于广州市番禺区沙湾镇紫坭村，是一座大型岭南文化山水园林。它始建于清朝末年，20世纪50年代被毁。后经过四期重建，现已成为国家4A级旅游景区。

宝墨园的来历，还得从它东侧的包相府谈起。包相府是这座著名古董园林的起源，于清嘉庆年间建成，用以颂扬和纪念宋代名臣、龙图阁直学士包拯。

相传有一年西江发大水，水流湍急，上游的石块和木头都被冲了下来。其中，就有一段黑色木头漂流到了村边。大水过后，村民们将堆积的石块和木头放回江里，可唯独这段黑色的木头又从下游回流到村边来。反复几次，黑色木头仍然流回村边，人们觉得十分惊异，便把它作为神物供奉了起来。

后来在嘉庆四年间，朝廷诛除贪官和珅，社会上下都掀起了反贪倡廉之风。老百姓希望官吏都能像包青天那样刚正不阿、清廉公正，于是村民们便把这块黑色木头刻成包青天像，在此建起包相府。

由包相府演变而来的宝墨园，也是供群众休憩娱乐的地方，所以它也被称作"番禺最早的公园"。如今的宝墨园，规模宏大，占地160多亩，是集清官文化、岭南古建筑、岭南园林艺术、珠三角水乡特色于一体的庭园精品。

每年，宝墨园还会定期举办三大旅游文化节：春节期间的新春岭南醒狮民俗文化节、3月中下旬的汉风古韵樱花节以及国庆黄金周的番禺区岭南水色旅游文化节。

珠海圆明新园

　　圆明新园，坐落于珠海九洲大道石林山下，于1997年建成。圆明新园融合了古典皇家建筑、江南古典园林建筑和西洋建筑的特点，为游客再现当年轰动世界的北京圆明园。

　　说起北京圆明园，相信大家都不陌生，它是清代大型皇家园林建筑，由圆明园、长春园、绮春园组成，所以也被称作"圆明三园"。这座著名的园林被人们比作"万园之园"，历经雍正、乾隆等几代皇帝，耗时百余年，耗资不少于两亿白银才得以修好。然而，这座中国园林艺术的顶尖代表，却在第二次鸦片战争中，遭受了巨大的劫难。英法联军在攻占北京之后，将这座皇家园林洗劫一空，一场大火，更让这座曾经的瑰宝消失殆尽，令人扼腕叹息。

　　缅怀历史，不忘国耻。珠海圆明新园以北京圆明园为原稿，一比一精心还原了圆明园四十景中的十八景。结合江南古典园林的特色，修筑了

普通话音频

粤语音频

一座座"仙山琼阁"。在圆明新园内，我们能看到圆明园四十景之首的正大光明大殿、似仙境般的福海湖，当然还有令人惊奇而逼真的江南花园建筑群，就连旧时清朝皇帝和妃嫔的游湖泛舟之景也被还原。

"国家衰则园衰，国家兴则园兴"，珠海圆明新园的修建，不仅让人们一睹圆明园曾经的风采，更在提醒着后人，勿忘国耻，奋发图强。

如今，珠海圆明新园以其浓厚的清文化、精雅别致的亭台楼阁和气势磅礴的园林建筑吸引了无数国内外游客，也是我国首批4A级的景区之一。

湾区有段古：湾区有七玩

大佛寺

北京路步行街是广州最繁华的商业中心之一，然而在这喧嚣的闹市旁却隐藏着一处历史悠久的佛门清净地——广州大佛寺。大佛寺，始建于南汉，原名新藏寺，为南汉王刘龑上应天上二十八宿而建。明代扩建为龙藏寺，后改为巡按公署。

在清朝顺治元年，巡按公署毁于大火。后来清军南下，由平南王尚可喜、靖南王耿继茂两路大军攻打在广东的南明政权。一路之上，清军势如破竹，南明永历帝匆忙向广西逃亡。但清军在广州城下却遭遇了顽强的抵抗，广州军民在南明两广总督杜永和的带领之下，死守广州十个月之久。最终城破之日，清军大开杀戒，史书上说死者高达数十万人，历史上称为"庚寅之劫"。

后来尚可喜在广州开府，心感当初杀戮太多，上干天和，下伤阴德，于是在康熙二年，自

普通话音频

粤语音频

捐俸禄，在龙藏寺原址仿京师官庙制式，加上岭南地方风格，重建庙宇，此即为大佛寺。

历经千年而不衰的大佛寺，见证了历史的发展、时代的变迁。它位于城市的政治中心，古往今来，举行过各种官方仪典。雍正十一年，大佛寺被选作宣读圣旨的场所。林则徐曾在大佛寺设立收缴烟土烟枪总局。而孙中山先生亲笔书赠的"阐扬三密"今天仍挂在大佛寺的大雄宝殿。

香港黄大仙祠

香港黄大仙祠，又名啬色园，是香港九龙最著名的庙宇之一，人称"香港第一大庙"。黄大仙祠整体金碧辉煌、雄伟壮观，包括了主殿大雄宝殿、三圣堂、从心苑等，其中牌坊建筑最具特色，充分展现了中国的传统文化。祠中祭拜的黄大仙，又名赤松仙子，因行医济世、为人心善而被世人所熟知。

广州黄大仙祠其实可以算是香港黄大仙祠的前身，供奉黄大仙宝像，已经有上百年的历史了。20世纪初，广州正值战乱时期，政治局势复杂，军阀陈炯明借着革命、破迷信的借口，提出要拆除庙宇，此举被人质疑有霸占房屋土地之嫌。

当时很多庙宇接连受到破坏，而黄大仙祠也受到了一定的冲击与影响。幸亏李亦梅、谭杰

普通话音频

粤语音频

生、梁仁庵等香港绅商将黄大仙宝像接到了香港，供奉在啬色园内，才使得黄大仙宝像逃过一劫。

啬色园原本是那几位绅商的私人修道别墅，但因为大量信众想要进去参神，他们就定下了开放时间，并将香火钱都用于慈善事业。直到1956年8月21日，黄大仙祠正式获政府批准全面开放给善信参拜。

民间传说黄大仙"有求必应"，签文尤其灵验。所以每年都有不少善信争相在农历新年大年初一上"头柱香"，成为一年一度的香港城中农历贺岁佳话。

太平山顶

太平山顶，又称炉峰、柯士甸山、硬头山，是香港一处集购物、风景、餐饮娱乐于一体的旅游名胜。在过去很长一段时间里，太平山顶一直远离俗世，人迹罕至，保持着她独有的静谧与安逸。

直到1868年，港督麦克唐纳爵士为了能够在太平山顶更好地享受风景，就在此修建了避暑别墅。从那以后，富豪名流开始流行移居太平山顶，当时的富豪们要往返山顶，就会雇佣穿着整齐制服的轿夫所抬的人力轿子作为交通工具。到了1904年，在太平山顶居住还被正式列为上流社会和外国使馆的特有权利，直到1947年才被废弃。

而到了1881年，亚历山大·芬利·史密斯

普通话音频

粤语音频

向当时的港督轩尼诗提出了修建港岛缆车铁路的建议，其中一段连接美利楼南侧与山顶维多利亚峡，也就是今天的太平山顶缆车。而自从1888年太平山顶拥有了稳定可靠的山顶缆车，就马上凭着居高临下饱览壮阔维多利亚港风景的特色，成为香港一个著名景点，蜚声国际。

时至今日，太平山顶每年依然吸引众多游客到访，是香港最受欢迎的旅游景点之一。

九龙

普通话音频

粤语音频

香港的九龙半岛与一海之隔的港岛一样，是香港不可或缺的一部分。其中，以尖沙咀、油麻地及旺角等地最为知名，有着众多著名的商业中心。那么"九龙"这个名字，又是从何而来呢？

　　相传，古时的九龙地区是重要的商路，有不少商贩往来。有一年，几个商贩带着金银珠宝丝绸瓷器路过此地时，突然遭到一群强盗打劫钱财。就在强盗举刀下手之时，突然从远处传来轰鸣之声，只见一朵乌云之上盘旋着一条大龙，此龙竟有九个头，龙上骑着一位仙人，只见他手指一抬，强盗们手里的兵器全都粉碎了。强盗们立刻吓得连连磕头，连从别处抢来的财物也没敢带走，直接落荒而逃。

　　几个商贩也对着仙人连连磕头，感谢救助之恩。第二天，几个商贩就在街头把昨晚的事情跟百姓说了，还把强盗抢来的钱财以及自己的大部分钱财留下来给当地的百姓，让他们务必建一座庙供奉恩人。

　　后来，随着朝代的更迭那座庙已经不见踪影了，但是此地有神仙保佑，神仙脚踩祥云以及座下九头龙的故事却代代相传了下来，后人便以"九龙"命名此地了。

香港仔

　　要说到香港最古老的渔村，肯定非"香港仔"莫属了。香港仔位于港岛南区西部，那里在100多年前是一个名叫石排湾的渔村，也是香港发展最早的地方，至今仍有不少渔家居住在水上。虽然如今城区已经与香港其他地方一样，高楼林立，但百年渔村的痕迹已经深深镶嵌在这块土地上。

　　那么一个渔村为何会被称为"香港仔"，背后也有着一个非常有趣的故事。

　　古时候，香港和九龙地区都属东莞管辖。而东莞盛产沉香，即莞香。香港和九龙地区也有广为种植，所产香料，质量优良，在莞香中堪称上乘。其中有一种叫"女儿香"的产品，更被誉为"岭南珍奇"。

　　当年莞香经广州北上，需要先运到九龙尖沙

普通话音频

粤语音频

咀，然后再在附近的石排湾换上大船。由于香料贸易在石排湾很繁荣，人们便把这里称为"香港"。

到了1841年，一批英军登陆到这个渔村，并问当地居民所在何地。当地居民回答"香港"，英军就误把整个香港岛称为"香港"，而这个小港湾也因此被称为"香港仔"了。

日据时期，香港仔也曾被改名为"元香港"，就是代表"香港的起源"的意思。

大澳

　　大澳渔村是一个古老的渔港，位于阳江市阳东区东平镇东南。大澳渔村在秦朝时属南海郡，汉时属合浦郡，史称"六澳之首"，是中国古代"海上丝绸之路"的必经港口。大澳原来叫作小澳，据说后来是乾隆皇帝给改的名。

　　传说当年乾隆皇帝私服微访下江南，在一间客栈与一名来自广东的捕快相遇，那捕快不知眼前的是万岁爷，借着酒意，在乾隆皇面前把家乡东平的小澳港大大吹嘘了一番："那是在阳江东南沿海的一个叫澳港的小港口，你可别小看这么个名字，那可是一个好地方呀！"一旁的乾隆皇随口说道，小澳港能是什么好地方呢，只不过是一个小港口而已。那捕快接着说："难道你没听说过'小澳赚钱小澳花，未到小澳莫归家'这句话吗？那小澳的繁华是可想而知了。"

　　当晚乾隆皇帝在客栈里辗转反侧，睡不着觉，决定要去一睹小澳的真面貌。第二天他一

普通话音频

粤语音频

路奔波，到了小澳一看，好一派江南的繁华富庶景象。乾隆皇帝赞道："果然是一个好地方！"那为什么这个地方不叫"大"澳呢，于是几经思考，决定赐"小澳"为"大澳"。客

栈的老板见他举止不凡，谈吐不俗，知道不是一般客人，所以照顾得特别周到。一晚送水到客房时，请求乾隆皇留个墨宝，乾隆皇帝正在兴头上，便一口答应。

　　第二天一早，店老板亲自来扫打房间时，发现两位客人早已离开，只见桌面上果然留下龙飞凤舞的"大澳"两字，再仔细一看那落款，不由得浑身打哆嗦，原来题字的是当今的万岁爷！之后就连忙跑到当地衙门禀告，当地官员这才知道当今皇上曾亲自驾到，于是就在澳头建了个牌楼，上面镶上乾隆皇帝所题的"大澳"两字。从此，"小澳"便更名为御赐的"大澳"了。

　　消息传开，那间名叫"广客隆"的客栈因为乾隆皇帝曾入住过，生意一直兴旺不衰，其他地方的客栈也纷纷仿效挂起了"广客隆"这个招牌。因此，直到现在广东许多地方的商铺都喜欢挂"广客隆"的招牌。

皇后大道

普通话音频

粤语音频

皇后大道是香港开埠以来建造的第一条大马路，位于香港岛北岸，分为皇后大道西、皇后大道中及皇后大道东，由中西区的石塘咀，一直延伸至湾仔区的跑马地，全长约5公里，是香港最著名的马路之一。

1841年，香港政府在香港岛西营盘至中环之间以移山方式建造第一条大马路，于1842年2月落成通车。这条路英文原名叫"Queen's Road"，原本是纪念当时的英国维多利亚女皇，理应译作"女皇大道"才对。

但因为中国向来没有女皇——武则天除外，所以当时的华人师爷在翻译的时候，理所当然地觉得Queen当然应该翻译为皇后，于是就将"Queen's Road"翻译为"皇后大道"了。

此事虽然曾由香港当局于1890年澄清错处，但道路的这个误译的中文名称最后还是将错就错保留了下来，沿用至今。

跑马地赛马场

在香港，人们不难看到这样的独特景致：遍布香港便利店式的赛马会投注处、赛马日投注处熙熙攘攘的人群，以及茶餐厅里手捧报纸研究马经的"马迷"们。

赛马成为香港人一种特有的生活方式不是一朝一夕之事，香港的赛马运动最早可以追溯到1841年。当年英国人刚抵达，便疏通清理在跑马地的一片沼泽作开辟马场之用。1845年，香港有史以来的首次赛事日便在此举行。

香港赛马会刚成立时并没有华人会员，处于英国人一统天下的局面，而且被认为是一项贵族运动。因为，一开始投注最起码是5元港币，当时的5元大致上相当于现在的500元，这么大的"最低投注额"普通百姓当然玩不起。

直到20世纪初期，赛马逐渐变得平民化，赛事的投注额才逐渐为一般人所接受，成为不少

普通话音频

粤语音频

市民的日常消遣。在赛事发展初期，跑马地马场每年只办一次赛马，叫作"周年大赛马"，通常在农历新年期间举行。周年大赛是一年一度的盛事，马迷们都会准备好体力和金钱上"赛场"。

　　赛马活动发展至今，早已不是每年举行一次赛事的规模，如今，一个星期通常有两天的赛马日，遇上重要节日如国庆节，也会举行国庆杯的赛事。每逢赛马日，跑马地的两个赛马场都会人流如织，喊声如雷，投注者的呼喊加油声此起彼伏。

洪秀全故居纪念馆

　　洪秀全故居，是花都区新八景之一，位于广州市花都区大布乡官禄布村。洪秀全故居始建于清代，原故居于金田起义后被清军焚毁，1961年，广州市文物考古队发掘出房屋墙基，参照客家民居形制重建。洪秀全故居保护范围包括洪秀全故居、书房阁、洪氏宗祠等建筑，洪秀全青少年时期种植的龙眼树、书房阁出土的石狮子、洪仁玕故居遗址和民房墙基等文物和遗址。洪秀全故居为泥砖瓦木结构，一厅五房，六间相连，客家人称为"五龙过脊"。

　　洪秀全故居展示了农民运动领袖洪秀全成长初期的历史环境，有着浓郁的客家风情和田园风光，是进行爱国主义教育和观光的场所。

　　洪秀全在创建太平天国之前，曾经是当地的私塾教师，多次参加科举考试，但始终未能中举。在第三次参加科举失败之后，失意无比的洪

普通话音频

粤语音频

　　秀全回到家中得了一场大病，一度昏迷不醒。病好后，洪秀全自称在梦中得到上帝启示，开始以上帝次子自居，创建拜上帝教。那么洪秀全的"上帝"观念，究竟从何而来呢？

　　原来，在之前一次到广州应考的时候，洪秀全收到了传播基督教的教徒梁发派发的《劝世良言》，这是一本针对中国人推广基督教的基本教义，洪秀全科举没考上，却意外得到了这本外来宗教的书籍，从而在心中埋下了"上帝"的观念，为创立拜上帝教打下了基础，后来更发展出轰轰烈烈的太平天国运动。

　　在1962年7月，洪秀全故居被定为广东省文物保护单位；1988年1月，中华人民共和国国务院公布洪秀全故居为第三批全国重点文物保护单位。

钱岗古村

　　钱岗古村，是广州市从化区太平镇下辖的行政村，位于沙溪峒中。钱岗村三面环山，遗存了明代独特的寨城格局，在局部建筑群中呈现出广府典型的梳式布局。村中传统建筑大多数为明清时所建，主要有牌坊、祠堂、门楼、书院等。其中，位于村落中部的广裕祠是全国重点文物保护单位。

　　关于"钱岗"这个名字的由来，有两种解释。第一种是说在100多年前，流溪河经常发生洪水祸扰百姓，于是村民在震明门设立"社公神坛"，逢年过节上香点蜡，祈求"社公"保佑风调雨顺。传说每当夜深人静时，溪水冲击"社公神坛"下面的岩石会发出"钱岗、钱岗"清脆悦耳的声音，故命名为"钱岗"。

　　另一种说法则认为是因钱姓人自南雄珠玑巷

普通话音频

粤语音频

迁至此地，故名钱岗村。原本钱岗地域有七个小山丘，所以叫七星岗，谭、陈、冼、钱四姓人家最先在这里建屋居住。元代时，陆秀夫的玄孙陆从兴也举家从广东省南雄县珠玑巷迁到古番禺宁乐乡，在冼家人的旁边建屋居住。后来冼家人渐渐迁走之后，陆氏家族又迁到了钱家人的地方居住，后来一起不断开拓田地，逐渐形成了钱岗古村。

　　而在2014年11月17日，钱岗村被公布为第三批中国传统村落。

琼花会馆

佛山琼花会馆建于明代中叶，是最早的粤剧行业组织，至今，粤剧行内仍有"未有八和，先有吉庆，未有吉庆，先有琼花"之说。

在明代，佛山民间演戏活动繁盛，本地戏班相继出现，清嘉靖年间，建立了戏行会馆，称为琼花会馆，因供奉戏行祖师华光，故又称之为琼花宫。而琼花会馆成立的时间、地点、事由等，学界则众说纷纭。

1988年出版的《粤剧史》认为，明万历年间，粤剧艺人在佛山大基尾创建了早期粤剧戏班的行会组织琼花会馆，并在其附近的汾江之滨建造了"大明万历琼花水埗"等字的石碑。

琼花会馆后来发展成为佛山众多会馆中最引人注目的一个，是本地戏班和艺人投靠和信任的组织，也是艺人们的精神家园。乾隆年间编纂的《佛山忠义乡志》所附的"乡域图"中，琼花会

普通话音频

粤语音频

馆是唯一载入地图中的会馆。琼花会馆的出现，说明佛山已成为粤剧发展的中心。

除了供奉粤剧祖师爷华光大帝，粤剧伶人们供奉的另外一尊祖师爷，则是江湖传说的摊手五，一个富有传奇色彩的江湖伶人。据著名戏剧家欧阳予倩在《试谈粤剧》中记载，摊手五从北京逃到佛山，把京腔、昆腔和武工教给红船子弟，成立戏班，并在佛山的大基尾建立了琼花会馆。

据记载当时佛山镇方圆十数里之地已有大小戏台30余个。清代有这样一首竹枝词："梨园歌舞赛繁华，一带红船泊晚沙，但到年年天贶节，万人围住看琼花。"可见当时粤剧活动之盛。

帽峰山

　　帽峰山森林公园位于广州市的东北部，面积约为30平方公里，是广州市区的最高峰，周围聚集着海拔200米以上的山峰20多个，形成复杂的地形。山的绝对高度虽然不高，但相对高差大，加上山坡陡峭，沟谷幽深，给人莽莽苍苍之感。

　　而正因为其山势陡峭、沟谷幽深、森林茂盛、流水淙淙，尤其朝暮雨后，山峰隐现于云雾之间，宛若戴上一顶雪白的大帽子，所以被称为帽峰山。

　　帽峰山自然景观引人入胜，人文景观也不少，尤以坐落于帽峰山北坳的千年古庙最为著名。相传在南宋年间，广东地区有位进士名叫古成之，因为官场失意，到处云游，有一日来到了帽峰山。他看见山中雨雾茫茫，松涛阵阵，觉得此地风景如此秀丽，必定得天地之灵气，于是留

普通话音频

粤语音频

在此地修身养性，炼丹修道，还为当地的百姓采药治病，深得百姓爱戴。后来他的事迹传出之后，朝廷听说此事，特意对他进行嘉奖，赐其官帽，让他官复原职。

古成之对于当地的百姓念念不忘，告老还乡之后，就带着官帽回到帽峰山隐居。当地的百姓感念他的恩德，建庙拜祭古成之，这座庙称为"成之庙"，后来则改称为"帽峰古庙"。

庆云寺

庆云寺，位于肇庆市鼎湖区鼎湖山的天溪山谷中，始建于明崇祯九年，四周峰峦环抱，如瓣瓣莲花，被冠上"莲花寇"的美称。同时又是岭南四大名刹之一，素有"禅、净、律三宗俱善"之盛名，寺里香火历久不衰。

在庆云寺修建之前，这个地方十分荒凉，灌木丛生，是有名的"虎窝"。传说明朝末年，鼎湖山下蕉园村有个财主。他的父亲死后，请风水先生在鼎湖山虎窝择了一块风水宝地葬下。

谁知白天才刚葬下，晚上棺木就被人挖了出来摆到一旁，像这样的情况来来回回三次。财主以为有人故意与他捣鬼，便请看更人晚上到坟边守夜。当晚看更人在坟边朦朦胧胧地听到有人悄悄地说："这是佛家之地，尸骨怎能葬上去"。看更人吓了一跳，以为掘墓人又来了。谁知，星光之下只见棺木又被挖出来摆在一旁，却不见掘

普通话音频

粤语音频

墓人，看更人慌了手脚，马上飞报财主，财主闻讯大惊，便把其父的棺木搬到别处安葬。从此，财主便有心向佛，思量寻访高僧在此弘法。

不久之后，有位高僧来到这一带，发现这里群峰环绕，状若莲花，雾气重重，是佛家之地，便欣然应允在此弘法，并选址于原财主墓地处结茅为庵，取名莲花庵。

当然，以上这些都只是关于庆云寺的民间传说。根据历史记载，肇庆庆云寺始建于明代崇祯六年，当时有一位僧人法名在惨，他来到莲花峰后，认为此地状如莲花，是佛门之地，于是在此结草为庵，称为莲花庵，两年后栖壑大师应邀到莲花庵当住持，继而大兴土木，扩建莲花庵。建成后，栖壑大师见周围雾霭袅袅，加之山顶有湖，"天将雨，湖先出云"，遂将莲花庵易名为庆云寺。

五桂山

五桂山是中山市唯一的山系，是广东省重点旅游开发区。古称"香山"，因盛产沉香而得其名，方圆三百平方公里的"五桂山"孕育了国内一半以上的野生土沉香。

五桂山辖区内青山连绵、溪水常流、四季花香，"五桂雄峰"是珠江口最高峰，也是中山十景之一。

在五桂山区，还流传着一个曾哥潭的故事。传说当年五桂山附近有一对夫妻曾哥曾嫂，夫妻十分恩爱，靠租种地主家的薄田为生。有一年，因为天气不佳，收成不好，夫妻决定外出打猎糊口。结果两人走入五桂山深山之中，发现了一个美丽的水潭，便决定在此定居下来。

夫妻二人在这里开垦荒地、男耕女织，偶然还打打猎，虽然辛苦却充实幸福。一日，曾哥打

普通话音频

粤语音频

猎回家，见到妻子还在辛苦舂米，十分心痛，总想找个办法，减轻妻子的负担。于是，他在水潭边苦苦思索，看见一片树叶在溪流中随着漩涡打转，忽然想到个好办法。他做了一个木水轮，将轮轴接在米碓之上，置于溪水之中。溪水不断冲击水轮，米碓也一起一落，自动舂米。后来，曾哥不断改进水力工具，又开发出水磨，还把工具和技术分享给附近的人家，很受大家爱戴。

不料有一日，电闪雷鸣，山洪暴发，把他们辛苦做成的水碓、水磨都冲走了，为了挽救劳动成果，曾哥跳入潭中，曾嫂亦随之奋不顾身跳进去，最后双双紧抱命丧潭中。

曾哥夫妇虽然死了，但他们留下了水碓、水磨，减轻了山里人繁重的劳动，人们为了纪念他们，便将此处取名曾哥潭。

詹园

粤语音频

中山詹园建于1998年，占地百亩，由詹园主人黄远新亲自设计，并从苏州征调百名园林能工巧匠历时五年共同建成，有中山大宅门之称。

而黄远新建园的初衷，是想为母亲建造一处淡雅精致、颐养天年的静心居所，所以特以母亲的姓氏命名为詹园。故此最早的詹园，即现在的詹家后院，是詹家上下尤其是詹老太太的饮食起居之地，后来母亲感慰儿子的孝心，更为了让天下所有的人都来感受其儿子的孝行，建议儿子把园区对外开放。

詹园融江南建筑与岭南建筑为一体，吸收百家雕刻艺术精华，形成了独具匠心的一座古典庄园式建筑群体，是岭南地区最大的古典私家庭院。它还汇集文学、地理、书画和建筑等诸多艺术，展示出中国的文学历史、哲学思想和伦理道德等观念。来到詹园，可以欣赏到园林艺术的魅力，游览宜人景色的同时，还可以感受中华"孝"文化的演绎。另外，园区内还有各种表演项目，例如川剧绝活"变脸"、千年功夫茶艺、魔术表演等等，让游人多角度地了解中华千年文化的丰富底蕴，体会到"天人合一、人与自然"的艺术景观，每年都吸引了无数游客前来大饱眼福。

鸿胜馆

"天下功夫出少林，南派武林盛佛山"，在佛山功夫的历史上，鸿胜馆有着独特的地位。它不但培育了一代又一代武林英才，还因为有多名蔡李佛弟子为中国革命事业献身，令蔡李佛拳被称为"红色拳种"，而鸿胜馆也被叫作"红色武馆"。

鸿胜馆最早由张炎于1851年创办。张炎又名张鸿胜，广东新会人，自幼热爱习武。先拜李友山、陈享为师，后又拜广西青草和尚为师，得传以佛门内外八卦拳等技击及医术。八年后学成下山，与陈享一起将所学整理，同创出蔡李佛拳术，成为中国南派一大名拳。

创馆不久，张炎就参加了太平天国运动，并在军中任武术教练。太平天国失败后，张炎重返佛山复馆，并把反清复明的思想灌输给学武弟子，鸿胜馆的礼桩即可见一斑："大鹏展翅反天手，魁星踢斗清名留。供拜五湖复四海，日月

普通话音频

粤语音频

拱照明当头。"诗里就隐含了反清复明四字。鸿胜馆从成立到闭馆的近百年间，培育了大批武林英才，是中国成立时间最长、人数最多的武馆之一。

鸿胜馆也是中国最早走向世界的武术组织之一。早在咸丰初年，张炎就到香港设馆授徒，其弟子陈盛、阮懈、雷灿等在清末也先后在香港设馆。大革命失败后，鸿胜馆被查封，大批武术家被迫流亡海外，也就继续在海外传播中华武术。如今，世界五大洲均有佛山鸿胜馆人开设的武馆，在当今国际武术届中也有着重要的影响。

现在的佛山鸿胜馆已不再收徒授武，而是成为了佛山市博物馆的一部分，让游人感受岭南建筑的特色和中华武术的源远流长。

石王庙

普通话音频

粤语音频

石王庙，位于增城市荔城镇夏街村，始建于1279年，是为了纪念宋末抗元英雄石文光而建的。

石文光生于增城城南的铁溪村，他自幼酷爱习武，体格魁伟，力能举鼎。入冠之年，他耳闻目睹元兵南侵，百姓流离失所，便投入军中抗击元军。由于英勇善战，带兵有法，屡立战功，被升任为游骑将军。

到了南宋景炎元年，南宋君臣退到广东，石文光随左丞相陈宜中前往交趾占城（今越南）借兵抗元。谁知在成功借到援军、整装待发之际，这个陈宜中竟然贪生怕死，赖在占城不愿再返回国内。

石文光气愤之下，毅然率领数十艘兵船赶回祖国，奔赴广东抗元前线，可惜船才开到珠江口伶仃洋时，元军已攻破崖山，石文光来迟一步了。

南宋覆亡后，这一带因为兵荒马乱，盗贼蜂起，民不聊生，为了保乡安民，石文光把数十艘兵船，带返增城，令占城兵在增城附近安营扎寨，维持地方治安，使增城百姓免受战乱之苦，因此深受当地百姓爱戴。

后人为了纪念石文光，在夏街村建了一座石王庙，以纪念石文光的功绩。石王庙至今已有七百多年历史，是当地一处颇具历史价值的文物保护单位。

白莲洞

　　白莲洞，又名鲤鱼嘴，位于珠海吉大官村以北，始建于清朝乾隆年间，据说是因为早年有僧人在此隐居，在当地遍种白莲而得名。

　　而关于白莲洞，还有一个这样的传说。

　　相传古代官村一带连年干旱，百姓十分困苦。观音大士返回南海途经此地，看到旱情严重，百姓要到远处挑水抗旱，非常辛苦。观音大士心中不忍，连忙查看原因，发现原来是一条火龙在作怪。于是，观音大士出手把它收服，用手上的杨枝净水点化火龙，使它化作赤色金鲤，吐水为涧，并在溪涧下的潭中撒播白莲造福百姓。因而该处变得山清水秀，奇石嶙峋，宛如仙境。

　　千年之后，赤鲤想试试自己的法力，向天空吐出一口五彩仙气，直冲九霄。赤鲤正自鸣得意，只见天空忽然出现一条金龙，向凡间喷出九条神气，瑞光夺目，九条神气瞬息间化作九条金龙，飞落在湖边嬉戏。

普通话音频

粤语音频

赤鲤不禁自惭形秽，
从此励志修行。赤鲤的精诚
感动了如来佛祖，便派观音
大士下凡引导它升天，但来
到才发现赤鲤已经圆寂，化
身为石，卧于莲花从中，嘴
里喷出一股清泉，人称"龙
泉水"，清芬沁人，终年不
竭。而赤鲤圆寂时，还曾吐
出一颗玉珠在山涧，化作了
莲台。

　　下到凡间的观音大士见
莲台如花，不禁心动，便不
返天上，隐居于山上岩洞，
从此山上有了观音岩，据说观音口中念出的"南无阿弥陀佛"还
变成了字迹，散布在各块岩石上。

　　后来当地百姓为了纪念观音的圣迹，在观音落脚的山洞建立
了庙宇、凉亭。

　　抗战期间，白莲洞曾遭到严重破坏，许多古树被砍，改革开
放后经历重修扩建，面貌焕然一新，成为珠海旅游的一大景观。

南澳岛

南澳岛是广东省唯一的海岛县，是南海当中的一个绿洲，生长着茂密的热带植物，还有优质的港湾，古往今来，南澳岛都是东南沿海通商的中转站，素有"粤东屏障，粤闽咽喉"之称。

相传，古时候闽粤交界的南海上有一个半岛，被称作"古东京"，形状像似鼎盖，南面有一个小岛为南澳岛，形状像似酒盅。鼎盖和酒盅是玉皇大帝赐给半岛和小岛的珍宝，本来由半岛的男身岛神和小岛的女身岛神随身携带。

一天，南澳岛的女神登山游玩，她看到足下像酒盅的小岛，有些不安。她想，小岛虽然美丽，但是酒盅置于海中怎么会经得起波涛的冲击？将来一定会有沉没的危险，这该如何是好？

她思量之下，觉得要化解这个危机，只有用酒盅换取鼎盖。于是，女岛神设宴款待古东京男岛神，在饭桌上，南澳女神夸赞自己的酒盅雅致与耐用，最适合男性使用，而鼎盖可用于煮食，

普通话音频

粤语音频

对女性用途更大，于是提出了互换宝贝的要求。古东京岛神这时候喝得半醉，又见酒盅的确别致，用于饮酒最好，听了女岛神的建议之后大为动心，便与她交换了宝贝。

随后古东京岛神回半岛之后，被岛人提醒才知道自己受骗上当，于是立刻带着酒盅，回到南澳岛，要换回鼎盖。南澳岛神立时将鼎盖抛下海中，漂浮而去。古东京岛神也跟着抛下酒盅，准备追赶，谁知酒盅一抛下，摇摇晃晃，灌满海水就沉没了，于是古东京岛也跟着沉没，只留下了现在的南澳岛。

南澳岛气候宜人，四季如春、山海相映、风光旖旎，可以说是粤港澳大湾区旅游的必选之地。

韩文公祠

　　韩文公祠，位于潮州市韩江东岸笔架山麓，是为纪念韩愈而建的。原韩祠始建于宋真宗成平二年，也就是999年，由潮州通判陈尧佐于金山麓夫子庙里正室的东厢开辟建设了"韩吏部祠"。

　　过了大约200年后，到了南宋淳熙十六年，知军州事丁允元将城的南边大概七里的韩文公祠迁到了今天的地址，因为他认为韩文公常游于此并手植橡木，韩公的祠堂应该建在这里。这座韩文公祠背靠韩山，面临韩江，建筑风格既体现了文人墨客的淡雅，也营造出沉静严肃的氛围。而关于韩愈所植的橡木，在当地还有一个很特别的用途。

　　相传，当年韩愈所植的橡木，就在祠堂前，据宋代礼部尚书王大宝的《韩木赞》所描写，橡树形状像伞一样，能够遮蔽屋檐，它的外皮看

普通话音频

粤语音频

起来像鱼鳞状，叶子细而长，叶脉凸起，呈棱角状，会在春夏之交开花，开出来的花红白相间，甚是美丽。

　　但因为花并非经常开，而潮州人又对韩愈十分崇敬，于是大家就用他手植的这棵橡木来占卜运气，以花开得繁盛与否来预示着科举能否考中，甚至《潮州府志》中有"乾隆九年调堂橡木花，科名大盛"的记载。于是，祠堂用来凭吊韩文公的，橡树则用来占卜科举功名，"韩祠橡木"便成了潮州八景之一。

龙湫宝塔

　　龙湫宝塔，指的是潮州城北面韩江河面小洲之上一座建于宋代的石塔。在塔下有葱郁繁茂的树林，里面有雅致幽静的寺院，与四周的景物相辉映，构成一幅美妙绮丽的风景。

　　其实，一开始此景应有两座宝塔，由于洪水原因，只剩下了现在一座宝塔。相传，这两座塔由师徒二人同时开工修建，而且进度差不多。塔快建成时，过往行人多数称赞徒弟的三元塔，没有人赞赏师傅的凤凰塔。师傅非常不解，就坐船到20多里外的山上看那三元塔，看了许久确实挑不出毛病。他表面虽说连连点头，内心却十分嫉妒，于是找到徒弟说："塔封顶那天，你我都不能从楼梯走下去，得各显神通从塔顶跳下去。"还择定了跳塔的时辰。做徒弟的只好点头答应。

　　约好跳塔的前一晚，师傅把事先准备好的两把伞拿出来，将其中一把做过手脚的叫妻子送

普通话音频

粤语音频

到徒弟家里，让徒弟明天打开这把伞从塔顶往下跳。妻子于心不忍，吩咐徒弟一定要换把漳州产的好伞再去跳。

第二天，跳伞的时候，徒弟定神打开一把新雨伞，从三元塔从容跳下，人徐徐着地，没受半点伤。师傅因为心中有愧，迟迟不跳，围观的人以为他害怕不敢跳，就一齐喝倒彩。他心一慌，往西边韩江里跳，竟忘记打开雨伞，倒栽到水中，幸有船老大救起他，才捡回一条性命。

西湖渔筏

西湖渔筏是潮州八景之一。位于潮州城西郊西湖，潮州西湖风景区由葫芦山和西湖两部分组成。自唐宋以来，直至今日，潮人习惯在工余休闲之时，到西湖品茶"扯谈讲古"，"西湖渔筏"的故事就在"讲古"中流传下来。

相传，从前城北有个张老大，以贩鱼为生，每天下午必到"处女泉"处听趣闻轶事。有一次路过湖滨小馆时，看见西湖深潭穴有条俗称"鱼虎"的鱼儿在翻腾，可惜没带捕鱼工具，只好闷闷不乐前往"处女泉"听古。第二天一大早，张老大到鱼市进货时，想起昨天下午看到深潭穴中的大鱼，便在鱼市采购，结果发现当天生意特别好，于是此后都常常采购此鱼。

有一天，张老大的鱼卖完了，便又到潭穴看鱼样。奇怪的是，湖水至清无鱼，和早上见到的完全不一样，唯见一颗宝珠熠熠发光。张老大心

普通话音频

粤语音频

想发大财的机会来了，于是他把
宝珠捞了上来，决定把宝珠卖给
古玩铺。

　　这时恰好海阳知县出巡路
过，上前察看，知县一看，宝珠
竟是护城龙王的宝珠，便喝问张
老大："你竟然偷了护城龙王的
宝珠，全城百姓就要遭殃！何等
罪过？"张老大连忙求饶，知县
又对他说："宝珠先放我这里，
令你明天一早就把宝珠送回原
处，免使龙王发怒，潮人遭殃。"张老大磕头道谢送走知县。

　　第二天正好五月初五，张老大来到湖边，知县就把宝珠交给
张老大，张老大转身就跳下西湖，送回宝珠。刚爬上岸，躲在一
旁的知县立即喊差役把他绑住用乱棍打死，并扬言："若不打死
他，他明天还会再来偷，满城百姓还要遭殃。"其实，送回潭穴
的是假宝珠，真宝珠已被知县藏在箱底了。过了一些日子，知县
卸任后，带着宝珠要回家去。不料船到三河坝时便遇上了狂风大
浪，全家都翻到江里喂鱼了，那颗宝珠到头来，还是归还到了龙
王爷那里。

　　人们都说，自从"宝珠"物归原主后，西湖的鱼越捕越多，
而且都"鲜而不腥"，令当地民生改善不少。

鳄渡秋风

在潮州城外韩江北堤中段，有个古渡口，叫鳄渡。该段江面宽阔，沿江堤边的木棉树挺拔伟岸。昔日金秋季节，渡船来往于两岸，可以一面风使三面帆，一幅"轻舟渺渺道清风，载向西来载向东"的秋风送帆美丽景观便展现在眼前。

说到潮州八景之一的"鳄渡秋风"，潮汕儿女自会追怀至"韩文公"韩愈。819年正月，因韩愈对皇帝迎接佛舍利到皇宫供奉表示反对而触怒唐宪宗，被贬为潮州刺史。失落的韩愈到任潮州，深知百姓的疾苦，并没有消沉。此后不久，韩愈就进行了一场别开生面的祭祀鳄鱼的活动。原来当时潮州的鳄鱼十分残暴，韩愈路途上就有所耳闻，他到当地之后向官员百姓们询问情况了解到，在西边的湫水河附近的潭水中有很多鳄鱼，它们破坏庄稼，把牲畜都吃光了，使得人民生活变得困难。正因为有鳄鱼危害，这个古渡口

普通话音频

粤语音频

才被称为"鳄渡"。

为了拯救百姓于水火之中，韩愈马上派遣部下官员，把羊一头、猪一头，投入潭水中，送给鳄鱼吃，然后开始祭祀，祈求上天让这些残暴的鳄鱼能够被消灭，之后韩愈又组织民众抓捕鳄鱼，清理水潭，令鳄鱼逐渐退出这块水域。自此之后，常年困扰百姓的鳄鱼威胁被消除，韩愈也深得当地百姓爱戴。

宋以后，潮人崇祀韩愈，便把秋风送帆的特有景色"鳄渡秋风"作为潮州八景之一。

珍珠湾

　　珍珠湾位于国家中心渔港广东阳江东平渔港的西侧，属于天然的海滨浴场。珍珠湾三面环山，山上有十万亩松树、相思树和月交林，沙滩后是一块巨大的腹地，周围拥有多处奇景古迹。其中"鸳鸯石"的故事最广为流传。

　　相传，在很久以前，有个居住在珍珠湾附近的水上人家，家里有个青年叫作大鳌，长年累月都在海上以捕鱼为生。一天，大鳌遇到一条大海豚在海边的沙洲上搁浅，实在不忍心将它捕杀，便救起放归大海，但谁知道，其实这海豚是龙王的三女儿。为了感谢渔夫的救命之恩，小龙女摇身变成一位美丽的大姑娘，嫁给大鳌为妻。从此，夫妻俩在岸上搭起棚房子来居住，人们看到新娘子如花似玉，养殖珍珠又有一手，便叫她珍珠玉女，于是，就将她养殖珍珠的地方叫做珍珠湾。

　　谁知龙王获悉女儿离宫上岸做了渔妇，顿时

普通话音频

粤语音频

火冒三丈，作起狂风巨浪，将玉女夫妇俩连同他们的家一起冲进了大海。玉女急中生智还原成海豚身，把在海中挣扎的丈夫也救起。就在这千钧一发之际，南海观音菩萨大发慈悲，及时乘莲赶到海上，点泼圣水，只见转瞬间风平浪静。

　　第二天，人们发现海水全退干了，沧海变成了桑田，田中长出大片莲藕，滩上立起了两座小山，前面的一座酷似一条大海豚，后面的一座酷似一只大海龟。大家都说，莲藕是观音娘娘留下造福人间的仙草，而前面那座山是珍珠玉女的化身，就管她叫玉豚山，后面那座是大鳖的化身，就管它叫金龟岭。

　　从那天开始，每天人们都能看到一对鸳鸯在莲池里戏水。忽然有一天，人们不再看到鸳鸯了，却在白根山下发现了一对鸟型巨石。后人们相传，这就是当年那对老鸳鸯死后留下的"仙骨"，被大家叫作鸳鸯石。

丹霞山

  丹霞山也称作中国红石公园，是世界"丹霞地貌"命名地。位于广东省韶关市仁化县境内，是广东省面积最大的风景区和以丹霞地貌景观为主的风景区。

  传说在很久以前，女娲受天命差遣，下地造人，先在北方取水搓土，但是由于北方干旱，土质非常枯松，所取到的土遇到水就会变成浆，脱水之后就会干裂，造出来的漂亮泥人，一见太阳不是断了手就会断了脚，这样的土不是女娲想要的。

  为顺利造人，女娲用手挖土，挤乳和浆，混合着土造了一艘巨船，船漂游各地，立志要寻找能够造人养生的水土，不久之后，她就造出了一支气势非凡的远洋船队。接着请伏羲卜卦选了一个黄道吉日，来到南海以北，一个叫"夏湖"的地方，也就是现在丹霞山地界，女娲终于找到了

普通话音频

粤语音频

理想的造人胜地。

　　女娲按伏羲河图上的描述，把"夏湖"四周开辟成造人作坊和繁养生息的区域，然后把从船上运来的宅居城堡，家具作坊，分别置放在"夏湖"内，取"夏湖"里的水搓土造人。

　　后来，由于上古部落首领共工与祝融争斗，导致天柱折断，地陷天裂，女娲便令巨鳌四脚作柱去顶天，又调拨船队，装运五彩锦石准备补天。大功告成后，才拖着疲惫的身心，仰卧在锦江河畔的山边休息。这一睡因过度劳累，蜕身成石，再也没有醒过来，这就是丹霞山第一道风景点"玉女拦江"。

　　而传说现在的丹霞山，正是女娲南下时乘坐的"灿若明霞"指挥船变成的，现在远看仍像一艘整装待发的巨轮，现景区内那叫"夏富"的大村庄，就是当年女娲选择造人取土的"夏湖"。这里一马平川，水土沃美，现在仍是个地灵人杰的好地方。

放鸡岛

　　放鸡岛，原名为湾舟岛，又名潜梦岛，是位于广东省茂名市电白区中心城区里的岛屿。横卧在茂名市电白区南海洋面，是茂名市电白区最大的海岛。关于放鸡岛这个有趣的名字，有这样一个民间相传的神话故事。

　　相传，古时候在附近海岸的渔村里，有一位叫柔姑的渔妇。她的丈夫因为出远洋打鱼，很久都没有回来，不知生死。柔姑非常想念丈夫，以至于茶饭不思。每当日落西山的时候，她便乘船登上放鸡岛，爬上岛的最高峰，遥望浩瀚的南海，祈求丈夫平安归来。

　　一日后，柔姑在岛上发现一个遭遇海难的老人家，只见他长得鹤发童颜，十分奇特，便用鸡汤救活了他。第二天，柔姑上岛后，却发现老翁神秘失踪了，巧的是几天后柔姑的丈夫却从天而

粤语音频

普通话音频

降般地平安归来，而且船上鱼虾满仓。这事传开后，人们都认为那老翁是海神的化身，能保佑出海平安，打渔高产。

从此，渔民凡出海打渔经过该岛时都会往岛上放一只鸡，以祈求海途平安，鱼虾满仓。放鸡岛名称也就由此而来。

放鸡岛是粤西旅游的新亮点，得天独厚的海岛资源与当地人文景观相辉衬托，是在粤港澳大湾区享受海岛旅游的一个难得之地。

硇洲岛

　　硇洲岛，古称硵，是一个数十万年前由海底火山爆发而形成的海岛，也是中国第一大火山岛，它位于广东省湛江市，是"湛江八景"之一，被誉为"硇洲古韵"。

　　湛江硇洲岛曾是南宋末代王朝两个"真龙天子"逃避元军追赶的逃难地。后来，一个驾崩，被葬于硇洲，另一个登基，在硇洲建都。硇洲岛也见证了南宋王朝的覆灭，在中国历史记下宋元两朝交替最后一笔，原来默默无闻的硇洲，也因此备受史学界关注。

　　宋皇城遗址，位于湛江市硇洲岛宋皇村旁，相传，这里曾是宋末皇帝驻足过的地方。当年宋帝被元兵追赶，杨太后与宋帝在陆秀夫、张世杰的护卫下，历尽艰辛，乘舟南下到达此地。他们在这里开设帝基，建造行宫营房，将士官兵日夜操练，等待着东山再起。同时命硇洲岛为翔龙

普通话音频

粤语音频

县，并创办翔龙书院。不幸的是，宋帝次月就驾崩了，年仅八岁的赵昺登基称帝，当时元军南下逼近，眼看高雷等地已经被元兵攻克，长守在这也不是良策。于是继续迁都逃亡，不久之后，宋军与元兵在崖山大战一场，最终战败，宋室就此覆亡。据《通鉴捐览》记载，当时海上浮尸十多万具，深蓝的海水被染成红色，可谓惨烈至极。硇洲岛，也就成为了宋代末代皇帝落脚的最后一片土地。

硇洲岛是湛江市的岛外之岛，风景秀丽，一年四季气候宜人，深受国内外游客的喜爱。

方饭亭

　　方饭亭位于海丰县城北郊，坐西北面东南，是一座颇有气派的八角双层重檐攒尖顶古亭。它的月台后侧有个小石亭，亭内修建了一个文天祥的石像。原来，这个亭子正是为了纪念南宋名将文天祥在方饭五坡岭不幸被捕而修建的。

　　在宋祥兴元年十二月，文天祥率领部队进入海丰。部队在赤岸渡留下少量兵力布防，而大部分人马前往五坡岭驻扎。文天祥与将领开会整理军务后，率部队进入莲花山脉，扎营防守。

　　到了第二天中午时分，宋军正准备吃饭，元军却突然杀到，包围了五坡岭。还没等宋军反应过来，军营已全被包围，将士们根本来不及应战。将军邹㳉和刘子俊虽然奋勇拼杀，终因寡不敌众，最终壮烈牺牲，五坡岭上血流成河。文天祥身为主将，不堪受辱，吞服"冰片"以图自

普通话音频

粤语音频

杀，但并未成功，被元军囚为俘虏。

　　被俘虏后，文天祥宁死不屈，并写下"人生自古谁无死，留取丹心照汗青"的铮铮誓言。面对元朝百般诱降，文天祥始终坚贞不屈，一身正气，《正气歌》就是他在狱中写下的千古不朽的作品。文天祥在五坡岭留下的浩然正气，滋育着代代风流人物的成长。

　　方饭亭在明清两代曾多次重修，如今更是游人纷纷，来到此地，都能感受到文天祥当年的铮铮铁骨，浩然正气。

飞来寺

　　飞来寺位于清远市城北的飞来峡风景区，被誉为岭南三大古刹之一，始建于520年，自古便有"古、广、奇、美"的特点。飞来寺是如何飞来的，当中又有哪些故事呢？

　　相传，当时轩辕黄帝的两个庶子——太禺和仲阳隐居在峰峦叠嶂、风景秀丽的飞来峡。

　　在一个月黑风高的夜晚，太禺和仲阳饮酒作乐，却觉得美中不足。两人思来想去，觉得这样的景致须有一个道场加持。于是他们腾云驾雾，踏上祥云，来到了安徽的延祚寺。颍川贞俊和灵霭禅师是延祚寺的住持禅师，当时正在寺中。太禺和仲阳对禅师们说："我们居住在清远的飞来峡中，是千峰拱主的福分之地，我们想在那里修建一座道场，不知道大师愿不愿意同我们一同前往？"颍川贞俊和灵霭禅师只是微微点头，并未

普通话音频

粤语音频

做过多的回答。夜深人静时，只听得一声雷响，顿时雷电交加、风雨大作，延祚寺被凌空拔起，驾云搬往了广东。

第二天醒来，寺院已经从安徽来到广东的清远山，大殿庄严壮丽，丝毫不变，其他禅房僧室也都如常。开门再看，只见奇峰环抱，云霞缭绕，林木参天，飞泉泻谷，果真是一个胜地。

从此，这寺院就在飞来峡落地生根，颍川贞俊和灵霭禅师也留在此地主持建寺事宜，是年十月十八日落成开光。后来，梁武帝肖衍亲手写"至德"两字赐作寺门的额匾，于是飞来寺又被称作"至德寺"。

六祖惠能故居

　　六祖惠能故居位于广东新兴县，是我国著名的佛教高僧六祖惠能的诞生与成长之地。在这里有许多神奇的传说等待人们开启，如古圣荔、戒疤荔、灵蛙等等，而关于六祖惠能，也有着许多传奇的故事。

　　相传，在唐武德三年，河北有一位叫卢行瑫的地方官吏，因为触犯了朝廷权贵，被发配到岭南的新州。于是他就和新兴县的人们一起开村务农，成为了一名普通百姓，并且娶了新州夏卢村一李氏女为妻，不久，他们便得一子。

　　唐贞观十二年，这个婴儿呱呱落地了。但不同于其他普通的婴儿，据说这个婴儿降生时祥光献瑞，紫气萦绕，非同寻常。第二天一早，便有两位僧人到访，他们为卢家的婴儿取名"惠能"，意为"惠者，以佛法惠施一切众生，能

普通话音频

粤语音频

者，能弘扬大乘佛法"。卢行瑫和妻子都称赞同意。

惠能青年时以打柴卖柴为生，后来偶然听得僧人诵读《金刚经》，顿时领悟。于龙朔元年奔黄梅跟随五祖，经过八月苦修，得其真传，成为禅宗六祖。

"惠能"是国内外佛教史上唯一一个乳名、俗名以及出家之后的释名都一致终生不变的名字。后来，惠能年老之后思乡心切，回到了新兴县六祖镇夏卢村，在这里落叶归根。六祖慧能留给后人的除了一部佛经《法宝坛经》，还有便是六祖故居了。

如今，在六祖惠能故居，每年有两个隆重的六祖惠能旦：二月初八和八月初三。每逢这两天，故居内都会高僧云集，共同朝拜六祖惠能。

灵光寺

　　灵光寺位于广东梅州市梅县区雁洋镇，被誉为广东四大名刹之一，距今已有一千多年的历史。灵光寺旁的山峰顶尖削如五指，被称为"五指峰"。在五指峰上，可以登高远眺，一睹灵光寺的美丽风光。

　　早年，灵光寺原名为圣寿寺，那么后来又是如何改名为灵光寺的呢？

　　相传，在明洪武十三年七月，粤东监察御史梅鼎出巡视察，乘船经过梅县区松口镇蓬辣滩时，突然遇到狂风暴雨。一行人在一艘小船上十分危险，而且河水迅猛上涨，江水逐渐涌入船舱，眼看着小船就要倾覆了！

　　在这个紧急的时刻，忽然天空一声巨响，暴风雨停止了。众人惊魂未定，只见一位和尚乘船而来，他合掌闭目，盘腿坐在船中，似乎在念叨着什么。不一会儿，御史梅鼎一行人船中的水退去，化险为夷。虽然不知道来者是何方神圣，但

普通话音频

粤语音频

梅鼎等人都心存感激。

　　后来有一天，他们来到了梅州阴那山圣寿寺进香，梅鼎发现佛殿中央供着一尊木雕佛像，与船中所遇救命恩人一模一样，大家都为之惊讶。向寺僧打听后才知道，原来那位和尚是圣寿寺的开山祖潘了拳，四十九岁坐化成佛，称为惭愧祖师。御史梅鼎听后，赶忙拨出白银千两，决定要扩建修寺，以此纪念和表达感激之情。寺庙五年后竣工，人们念惭愧祖师威灵光大，便将"圣寿寺"改名为"灵光寺"。

　　在灵光寺门前，还有一棵相传为潘了拳手植、至今已逾千年的"生死树"，更是被誉为"广东宝树"，这棵树虽然已经死了近四百年，但依然傲然耸立，更是给灵光寺增添了不少神秘感。

花萼楼

花萼楼，位于广东梅州市大埔县大东镇联丰村，始建于1608年，距今已有近400年的历史。它的设计精巧、独具特色，是具有代表性的古代客家民居建筑。花萼楼因圆形的楼形形似花萼而得名，并且蕴含了乡亲邻居相亲相爱之意。关于花萼楼的由来，还有一个温暖的故事。

相传当地林姓的第五代祖先林援宇家境清贫，几乎到了风餐露宿的地步。为避风遮雨，林援宇只好寄宿在狮头山上的一个石洞里，靠担盐、挑石灰为生。虽然衣不遮体，但他忠厚老实，并且乐善好施，还常常接济更加贫困之人，在邻里乡亲间获得了良好的口碑。

有一天，林援宇担完石灰非常劳累，还没吃饭便睡去。在梦中，他看见观音娘娘端坐在莲花座上，驾着祥云，领着三头白马向他走来，似乎在给他某种指引。第二天，他醒来后竟然在山洞

普通话音频

粤语音频

里发现了三大缸白银，一心为民的林援宇并没有自己花掉这些白银，而是用这些银两建造了土围楼，把村里所有没有房子住的乡邻都接来住。

后来人们为了感恩观音娘娘和林援宇，就在狮头山上的石洞里供奉了观音娘娘的莲花座像和援宇公像，林姓族人逢年过节都会去拜祭。

花萼楼通风采光好、冬暖夏凉。内部结构是一梯一户，每户分三层，通过三楼的回廊则又户户相通。它的修建体现了客家人圆满、团结、平均、平等的生活理念，对研究古代客家民居建筑艺术、客家民俗，具有重要意义。

飞霞山

飞霞山位于清远市清城区，是广东八大名山之一。这里山川秀丽，古迹林立，是寻幽探古、旅游度假的胜地。它与清远小北江一起构成了一幅"一水远赴海、两山高入云"的美丽风光。关于飞霞山还有一个有名的传说。

相传在很久之前，清远峡本是一座完整的大山，巍峨矗立，挡住了北江大河的去路。南北的交通也因此受到阻碍，中原的先进文化迟迟没有传入南海之滨。后来，轩辕黄帝统一了华夏，派他的儿子大禹和仲阳到岭南滨海地区，传播中原文化。他们传授耕田蚕织等生产技术，教老百姓读书识字，慢慢地形成了文明社会。大禹和仲阳在珠江两岸发现了适合耕种的沃土，于是开荒烧草。

但有一天，正当他们开荒烧草的时候，却突然刮起巨大的台风，火借风势，迅速地蔓延开来，沿途百姓的村庄也烧成平地。禹阳兄弟赶紧

普通话音频

粤语音频

前往抢救，作法使大海汹涌向北，淹灭大火。

　　谁知，大火又向北方蔓延，海潮冲刷着河道正要与北方大江会合，却有一座孤危兀立的大山，拦住了海潮的去路。眼看熊熊烈火越过山峰将造成更大的祸害，这可怎么办是好？禺阳兄弟赶忙命陪臣初、武二将，手持神斧，向阻路大山劈去。只听得霹雳一声，顿时天昏地暗、雷鸣电闪、山裂岭崩。这座阻碍去路的大山被劈成两边，火势也终于得到了控制。

　　从此，北江大河就从中间流过，成为了险峻的峡谷。峡内奇峰壁立，山水相辉，景色美不胜收。大禹和仲阳也成为了庇护这一方的天神。

　　"天开清远峡，地转凝碧湾"，这便是清远飞霞山的神奇故事，而它的秀美风光也一直吸引着无数的游人。

荔枝湾

荔枝湾，又叫荔枝湾涌，是广州的著名景区，至今已有2000多年的历史。"一湾溪水绿，两岸荔枝红"，在老一辈人的眼中和历代众多文人的笔下，荔枝湾于广州，犹如西湖之于杭州、秦淮河之于南京一般重要，于是有着"小秦淮"的美誉。广州市的荔湾区，也正是以荔枝湾而得名。

早在公元前196年，汉高祖刘邦派遣特使陆贾南来广州向赵佗劝降，陆贾以泮塘一带为驻地，在附近沿着溪湾广植荔枝，开辟莲塘。东汉年间，此处出产的荔枝已成为上贡皇帝的佳品，以及朝廷外交的赠礼，而这一片风水宝地，因其"一湾荷叶碧于水，两岸荔枝红似花"，而被称为"荔枝湾"。

荔枝湾当年最繁盛的时期是在陈济棠主粤

普通话音频

粤语音频

时。当时的游客大致分两种：一是画舫的游客，游客中有一般的百姓、知识界和慕名而来的海外人士等；二是紫洞艇的游客，多是豪商、权贵。他们主要目的不是游河，而是利用紫洞艇作为饮宴、赌博或交易的场所。虽然在漫长的岁月里，荔枝湾发生过许多变化，但这一湾溪水历经千年，依然留存至今，在荔湾湖公园内保留着一段长约400米的故道。两岸古树嵯峨，浓荫掩映，一派岭南独特的自然风光和历史风情，弥足珍贵。

南越王墓

西汉南越王墓位于广州市越秀区解放北路的象岗山上，是西汉初年南越王国第二代王赵眜的陵墓，是在岭南地区发现的规模最大的汉代彩绘石室墓。南越文王墓的出土，被誉为近代中国五大考古新发现之一。现已开辟成为西汉南越王博物馆。

南越王国是由秦代故将赵佗在秦灭亡后割据岭南而立，自公元前203年至公元前111年，历经五帝，享国93年。说起来，赵陀能够在岭南称王，颇有一点偶然成分。

原来当年秦始皇统一六国后，派大将屠睢率领五十万大军征讨岭南，本来以为大军压境，无往不利。谁知秦军在当地遭到激烈的反抗，不但损兵折将，连主将屠睢也战死了。秦始皇这才知道南越并非轻而易举就能征服的地区，于是下令整顿军备，开凿灵渠，为下一次进攻做准备。

普通话音频

粤语音频

等到灵渠凿成，秦始皇命任嚣为主将，与赵陀一起领兵攻打南越，这才终于平定岭南，并以任嚣为南海郡郡尉，以赵陀为龙川令。

到了秦末，天下大乱，任嚣眼看秦朝岌岌可危，便起了割据一方的心思。谁知这个时候他却忽然得了重病，眼看着自己命不久矣，他只好将自己的理想寄托在赵陀身上，把赵陀召来，任命他代行南海郡尉的职务，并且嘱咐赵陀可以依靠山川地理，建国自立。

后来赵陀经过一番努力，终于统一了岭南三郡，建立了南越国。当年若非任嚣病逝，南越国虽然可能还是会建国，但恐怕就姓任不姓赵了。

万木草堂

在广州市中山四路长兴里3号，高楼林立的喧哗闹市中，隐匿着一座灰瓦青砖、古色古香的宅院，门楼上书有"邱氏书室"的大字。这里就是中国近代资产阶级维新派代表人物康有为创办的著名学堂——万木草堂。

康有为出身书香门第，从小就有远大的志向。十九岁时师从当时名儒朱次琦于礼山草堂，苦读三年。后来游历香港、上海，接触到大量的西方著作，自称"新识深思，妙悟精理，俯读仰思，日新大进"。面对民族的深刻危机，他萌生了学习西方之长、实行维新变革、挽救民族危机的维新变革的思想。

光绪十四年，康有为以布衣之身毅然进京上书光绪皇帝请求变法，这样的上书当然毫无结果，反而遭人讥讽。但康有为毫不丧气，举家迁往广州，开始在广州招生讲学，传播维新思想。

普通话音频

粤语音频

由于他以布衣上书的名气很大，致使当时正在学海堂书院读书的陈千秋、梁启超等人纷纷前来请教，并为他的学识所折服。当时康有为还只是个秀才，而梁启超已经考中举人，却也心甘情愿奉康有为为师。

　　后来，越来越多青年学子慕名而来，康有为应陈、梁之请，租赁长兴里邱氏书屋，正式开办学舍，创办万木草堂，这里就此成为了戊戌变法的策源地。

　　后来虽然戊戌变法历时百天便以失败告终，但作为中国近代史上一次重要的政治改革和思想启蒙运动，其对中国思想文化的发展和促进中国近代社会的进步均起到了重要的推动作用。

中山纪念堂

中山纪念堂位于广州市东风中路，是广州人民和海外华侨为纪念孙中山先生，于1929年集资兴建的。这一座八角形"青砖蓝瓦、攒尖八角"的建筑，庄严宏伟却不失精致，具有浓厚的民族特色。

这一座设计新颖又不失中国传统韵味的中山纪念堂，在那个动荡的年代，是怎样兴建起来的呢？

中山纪念堂原是孙中山先生任非常大总统时的总统府，1922年陈炯明叛变时曾被炮火夷为平地。1925年3月，孙中山在北京病逝，一时间在全国各地都自发兴建起纪念中山先生的场所。

同年3月31日，国民政府提出在广州建造一座纪念孙中山的代表性建筑，广州人民和海外华侨积极响应，募捐款约30万元。根据规划，建纪

普通话音频

粤语音频

念堂碑建筑费连地价约需100万元，不足部分由国民政府财政部补贴。

为了做好这个极具纪念意义的工程，1926年1月，当局成立"建筑孙总理纪念堂委员会"，向海内外悬奖征求设计方案。在28件设计方案中，时年31岁青年设计师吕彦直的设计方案一举选中，组委会对其作品的评价是："设计图案，山上筑碑、山下建堂，互为连贯，交相辉映。"设计师巧妙运用了建筑力学的原理，以钢架和钢筋混凝土混合结构，达到了跨度71米的建筑空间内不设一柱的神奇效果。

改革开放后，中山纪念堂开始"身兼四职"，既是重大会议、活动的召开地，又是缅怀孙中山先生纪念地，还是爱国主义教育地，而且越来越成为群众文化活动的承载地。经历近百年风风雨雨，中山纪念堂至今仍是最让广州人自豪的伟大建筑。

广州塔

广州塔是广州旅游的一个必到的打卡点，它采用非对称椭圆形的渐变网格结构，中部扭转形成"芊芊细腰"，随着高度的盘旋升高，而直径却逐渐减小。因为其造型独特，人们很亲切叫它"小蛮腰"。但估计没人能想到，这个建筑史上的狂想和奇迹，居然是出自一个小型事务所的创意。

马克·海默尔夫妇的荷兰IBA事务所只有不到十个人，也没有国际竞标的设计经验。但马克夫妇对建筑的痴迷和对方案的热情点燃了他们的梦想。

2004年5月，在获悉广州举办新电视塔设计竞赛后，马克在家里的厨房完成了第一个模型。他找到两个椭圆形的木盘，一个在上面、一个在底部，中间用一些弹性橡皮绳连接起来，然后他开始旋转上面那块木盘，扭转45°后，一个奇妙的麻花形状出现了，就像一位扭腰回眸的纤细少

普通话音频

粤语音频

女，小蛮腰的雏形就此呈现。由这个简单的想法开始，马克夫妇拉迅速将它做成设计方案。

不过，仅靠方案创意，没有足够品牌背书很难取胜。于是他们又找到了世界大名鼎鼎的工程公司"奥雅纳工程顾问公司"，在获得了对方认可后，双方组成联合体参与竞标。

马克所在的建筑事务所是唯一一家提出女性化建筑风格的机构，当"小蛮腰"方案入围最后三名决选的关键时刻，马克夫妇刚好迎接他们二女儿的出生。这一切就是那么机缘巧合，几乎没有国外的建造经验的马克夫妇在决选中成功胜出，成为广州塔的中标者，也实现了自己的建筑梦想。

黄花岗七十二烈士墓园

普通话音频

粤语音频

黄花岗七十二烈士墓园，又称黄花岗公园，位于广州先烈中路，是为纪念在1911年同盟会发动的"三·二九"起义中牺牲的烈士所建。

在1911年4月，孙中山、黄兴等同盟会领袖经过长时间筹备，准备在广州发动起义，并以此推动全国性的革命，推翻清朝的统治。

但在起义准备发动之前，发生了另一位革命党人温生才刺杀广州将军孚琦的事件，导致广州戒严，城内清军戒备森严，起义被迫改期，而原来准备的十路人马，也被迫改为四路。

到了4月27日，黄兴带领一百多名革命党人充当先锋，率先发动起义，向两广总督督府发动猛攻，两广总督张鸣岐狼狈逃走。然而因为各方面原因，其他各路革命党人都未能及时响应，而清军则在水师提督李准的带领下以优势兵力向起义军发动进攻。最后，起义军寡不敌众，黄兴战至最后只剩一人，唯有换装逃生，到香港避难。

起义被镇压后，革命党人的尸体无人敢于收殓，散落街头惨不忍睹。同盟会会员潘达微不顾清朝禁令，以记者身份组织人手，将散落的七十二位烈士尸首收殓安葬于广州郊外的红花岗，并以秋日黄花比喻烈士不屈之品格，将红花岗改名为黄花岗，史称黄花岗七十二烈士。

如今，黄花岗七十二烈士的墓园已改建为纪念公园，并在2016年入选中国20世纪建筑遗产名录。

广济桥

　　潮州广济桥俗称"湘子桥"，与赵州桥、洛阳桥、卢沟桥并称中国四大古桥，位于潮州市古城东门外，横跨韩江，联结东西两岸，集梁桥、浮桥、拱桥于一体，为古代广东通向闽浙交通要津，是潮州八景之一。

　　关于广济桥的来历有着一段口口相传的民间故事。据说，韩愈被贬潮州之后，喜欢登上笔架山饱览胜境，他站在笔架山顶峰，遥望东门外的恶溪，只见江水汹涌，百姓驾舟渡江，稍有不慎，便可能连舟带人被江水吞噬。韩愈看在眼里，急在心里。于是，他决心要在这恶溪上面建造一座大桥，方便百姓往来东西两岸。

　　但是，水流这么急，要在上面建桥不是一件简单的事，最后韩愈决定叫自己的侄孙、八仙之一的韩湘子以及他的七个好朋友，还有佛门大师广济和尚，几位仙佛一同合力建桥。经过协商，八仙负责东段工程，广济和尚负责西段工程。两边各施法力，各显神通。

普通话音频

粤语音频

广济和尚穿过潮州城，出了西门，来到桑浦山下。他将山上的石头变成一只只温顺的羔羊，羔羊跟在广济和尚后面朝着潮州城行进。

同一时间，东岸那边八仙也在到处寻找建桥的材料。他们来到凤凰山，把山上的石头变成猪群，然后赶着猪群浩浩荡荡地奔向工地。

八仙这边人数比较多，人多好办事，他们每人各赶一群猪。而单枪匹马的广济和尚却碰到了麻烦。他兴高采烈地把羊群赶回潮州城后清点了一下，却发现少了两只，于是赶紧回头去寻找。这两只迷途的羔羊在半路上找到了，正要把它们赶回羊群时，路旁却窜出一个贪心的财主，说广济和尚偷了他家的羔羊，硬把羊拖走了。

因为广济和尚这边少了两只羊，桥建到江心，石料便不够了。眼见江水滔滔，大桥却连接不起来，大家正手足无措时，聪明的何仙姑心生一计，把手中的宝莲花抛下，花瓣在江心散开来，变成十八条梭船。只是这些梭船在江面上打旋，无法连接起来。广济和尚见状，立即抛下自己手中的禅杖，禅杖化成一根大篾，把十八条梭船系住，成为浮桥。这样，整座大桥便连接起来了。桥建成后，潮州的老百姓为了纪念韩湘子这八位仙人和这位广济和尚的功绩，便给这座桥起了两个名字：一个纪念八位仙人，叫作"湘子桥"；另一个纪念广济和尚，叫作"广济桥"。

从熙公祠

从熙公祠，位于潮州市潮安县，是清代后期的潮州祠第合璧式民居建筑，其杰出的设计方法和独特的木雕、石雕样式堪称潮州建筑的代表。这里的木、石雕刻件件精致，每一件都不仅是作为建筑的装饰，而都是当作艺术品来雕刻，使整座公祠变成了一个价值连城的艺术宝库。

从熙公祠是旅居马来西亚柔佛州的侨领陈旭年所建。陈旭年早年丧父，小时家境贫寒。贫穷和屈辱使年仅17岁的他决定出洋谋生。1844年，身无分文的陈旭年冒险躲进开往马来半岛的红头船，只身去到柔佛，以贩布为业。在柔佛苏丹出现经济危机之后，他因为发现新锡矿而受到政府的嘉奖。

陈旭年致富后结识了一位会讲潮汕话的柔佛贵族阿布加，并与他结拜为兄弟。没人知道，这个会讲潮州话的贵族于1862年继任柔佛苏丹。

普通话音频

粤语音频

1864年，因为过硬的交情和信任，他把境内的10个港口都交给陈旭年管理，陈旭39岁时，就成为马来半岛上最大的港主。1868年起，陈旭年就成为了南洋最著名的富商，被柔佛苏丹授予了"资政"头衔，同时被封为"甲必丹"，也就是华侨领袖的意思。直到今天，柔佛新山都还有条"陈旭年街"，就是为了纪念他。陈旭年赚了大钱

之后，就斥资在家乡的金砂斜角头，兴建了"从熙公祠"。

　　到了1870年，陈旭年从柔佛移居新加坡时，从潮州请去工匠并运去原材料，按从熙公祠的规格和式样，在新加坡建成被新加坡列为国家第五古建筑的"资政第"。1984年6月，新加坡以这座当地仅存的潮式古建筑物理图印发了邮票，这不仅是陈旭年家族光荣，也令当地华人引以为豪。

潘仙观

潘仙观又名潘茂名纪念馆，位于茂名市高州的小观山，环境幽雅别致，背倚傍山，古榕参天，面朝鉴水，双龙戏珠，与大观山隔江相望，环抱瀛洲绿岛，是当地的名胜之一。

关于潘仙观中纪念的潘茂名，有一段相传于民间的佳话。相传，在西晋末年，当地爆发瘟疫，百姓民不聊生。当时有一个沉醉于修道炼丹、养生研药、治病救人的道士叫潘茂名，正因为有了他的出现，瘟疫才慢慢退去。传闻他学艺得道，加之日积月累的实践与思考，逐渐掌握了修道之法、炼丹之道。学成后的潘茂名，自行研究了九转金丹、大小还魂丹，用于治病行医。正是他的药方才治好了当地的瘟疫，让当地的生活恢复了平静。潘茂名不仅精通药理，而且还平易近人，不肯收穷人的看病钱，因此深得大众的爱戴，还有传闻说他归隐深山修炼道法后羽化成仙，因此被后人供奉至今。

后人为了纪念潘茂名为民祛病除害的历史功绩，就把他住过的山叫作潘山，把他炼丹所在的地方叫作潘仙坡，把潘仙坡附近一带的地方称作茂名。传说镇南大将军冯游后来来到两山间筑城，为彰显他的功德，取潘道士的名字，建了潘州的茂名县，也就是现在的茂名市。

冼太庙

　　高州冼太庙，又称为高城冼太庙，位于高州市文明路东侧冼太文化公园，是目前粤西地区规模最大的冼太庙。高州冼太庙始建于1400多年前的隋朝，最初是由冼夫人的孙子冯盎为纪念祖母而建的。

　　冼夫人，是中国古代岭南地区最受赞誉，也最具传奇色彩的女性政治家，是南北朝到隋朝时期岭南俚人的领袖。她一心为国、赤诚爱民的崇高精神，使岭南地区在动乱的南北朝时期得以偏安一隅，人民安居乐业。

　　南朝的梁、陈两代，岭南的一些地方官都发动过叛乱，不听朝廷命令，想把岭南变成独立王国。但是，他们的行为遭到冼夫人的坚决反对。每次叛乱发生的时候，冼夫人都亲自率军去平息叛乱，配合朝廷重新安定岭南。

　　到了隋朝初年，岭南又发生叛乱，冼夫人当机立断，派孙子冯盎杀了叛军首领。她不顾高

普通话音频

粤语音频

龄，陪同隋朝大臣走遍各地，召见参加叛乱的首领，让他们服从朝廷，不要分裂国家。到了晚年，冼夫人经常教育后代要维护统一，不可分疆裂土，做对不起百姓和祖宗的事。冼夫人一生经历三朝，始终维护国家统一和岭南的安定，直到今天，广东、广西、海南人民还在纪念她。

周恩来总理曾称颂冼夫人为"中国巾帼英雄第一人"。2000年2月，江泽民视察高州冼太庙时，盛赞冼夫人维护国家统一、增强民族团结的精神，称她为"我辈后人永远学习的楷模"。

贡园

贡园，位于高州市根子镇柏桥村，成园于隋唐年间，占地80多亩，是目前全国面积最大、历史最悠久、保存最完好、老荔枝树最多、品种最齐全的古荔园之一，被誉为"荔枝博物馆"。

在贡园里有一棵树，叫作"把根留住"，这个独特的树名背后，自然有一段故事。

相传在几百年前，树的主人是一对夫妇，他们在外漂泊多年却膝下无子，便心生倦意，决定回乡隐居。他们在园里种了很多荔枝树，不久之后，便发现有一棵树与其他树不一样，这棵荔枝树半边已枯，而且底部中空，男主人认为这棵树马上就要枯死了，便想要砍掉，以免浪费过多的养分。准备要砍掉的时候，却发现上部未空的树干还在生长。他感到十分惊奇，心生恻隐，不忍下手砍伐。过了不久，他那一直未能怀孕的妻子竟然有了身孕，十月怀胎之后喜产一子。此后，

普通话音频

粤语音频

那荔枝树也越长越茂盛。他觉得当初留下此树，可能是上天安排，留住树根也留住了自己的"根"。此事流传开后，人们便把这树叫作"把根留住"。

关于贡园的故事还有很多，例如当你来到柏桥贡园的时候，这里的老果农也会告诉你杨贵妃所吃的荔枝是哪一棵树上的。而在为纪念高力士所建的拴马树公园内，当地人说，昔时高力士回茂名采摘荔枝，拴马于一棵树下，那参天古树至今仍在。

贡园内几百年以上树龄的古荔树有39棵，人们根据它们的特点和传说起了不同名字，如"贵妃醉酒""仙女散花""天伦之乐""五马归槽""八仙祝寿""潘仙丹灶""别有洞天"等等，诗意满满。

霍山

　　霍山位于河源市龙川县，是当地风景最为秀丽的所在。进入山中，树绿花红，泉清林翠，峰回路转，亭阁棋布，移步换景，真是人在山上走，如同画中行。

　　相传，在楚汉相争之时，天下大乱，著名学者霍龙的祖先为了躲避战乱，从吴国举家搬迁到了越国，世世代代都居住在龙川县，一直隐居在霍山。汉高祖在位时，曾下令请霍龙出山任职，但是霍龙不想当官，更不想与官府中人交往，于是婉言谢绝，解释说龙川这个地方，是中华龙出生的地方，如果龙川人离开了他的故乡，那就相当于去死了。

　　虽然霍龙没有出任官职，但是他在隐居此山的时候，用自己的学识才干撰写著作，创立学说，同时传播文化，教导当地人，让当地百姓们有了更好的生活。据说霍龙死后羽化成仙，而且

普通话音频

粤语音频

他的名望也一直在当地流传，人们因为他的丰功伟绩，将此山命名为霍山。

　　霍山悬崖高耸，绝壁万丈，横空屹立，怪石嶙峋、千姿百态。当年苏东坡漫游至此，曾诗兴大发地吟道："霍山佳气绕葱茏，势压循州第一峰。石径面尘随雨扫，洞门无锁会借云封。船头昔日仙曾渡，瓮里当年酒更浓。捷步登临开眼界，江南秀色映瞳瞳。"

云雾山

云雾山，位于云浮市云安区境内，古称云浮山，因终年云雾缭绕而得名，云浮市的名字也是源于这一座山。云雾山麓层峦叠嶂，方圆数十里之内群山如聚，云雾如怒，山高谷深，山间四时鸟语花香，景致极佳。

云雾山的主峰叫作乌牛观，乌牛观附近的山脖子处有一个乌牛池，而乌牛观下面是曲折蜿蜒的班河，班河有两百多个潭，其中一个叫作乌牛潭。据说，乌牛观、乌牛池和乌牛潭三处景观是为纪念太上老君而命名的。

相传很久以前，太上老君骑着一匹独角青牛路过五山。他的青牛原来是树精变成的，青色在五山方言里叫作乌色，所以青牛又叫作乌牛。当年太上老君经过的时候，向当地老百姓赠送过乌花糙苞谷种，这种苞谷棒子上有多种颜色的苞米，俗称花苞谷。这种谷至今仍然是酿造云雾山黄酒的上等原料。而且在太上老君经过之后，这里的山腰以上，产生了明显的变化，常年云雾缭绕。于是，这座山被百姓叫作"云雾山"。

为了感念太上老君的恩泽，五山百姓在云雾山的顶峰，修建了乌牛观。站在山顶，远眺四方，让人不由自主感受到"会当凌绝顶，一览众山小"的豪壮。

黄岐山

　　黄岐山位于揭阳市区北部，此处林木葱郁，群石嵯峨，胜迹众多，古有九庵十八寺之说。黄岐山，是揭阳历史文化名城的一个象征，自古以"黄岐晚翠"列为揭阳八景之一，是揭阳最出名的山脉。

　　黄岐山的顶峰有座石塔，叫黄岐山塔，这一座古塔流传着一个动人的传说。

　　相传古时候，黄岐山下有一个恶棍叫白无天，逼死了一对叫山英、山珍的情侣，激怒了赤脚大仙。

　　于是大仙站在云端上，轻轻向这对情侣吹了一口气，这对情侣就变成一对白天鹅，凌空飞翔到蓝天上。白无天见山英和山珍变成天鹅比翼双飞，醋意大发，嫉妒起来，就叫人朝天鹅放箭，定要将它俩射下来。赤脚大仙见了，发起怒来，就把手中龙头杖一挥，霎时天昏地暗，飞沙走石，将白无天变成了一只蛤蟆。

普通话音频

粤语音频

但蛤蟆恶性不改，蹲在山顶上，还直望着白天鹅流口水。赤脚大仙见状，就用宝杖朝他一指，癞蛤蟆又被化作大石头。只是这癞蛤蟆石头还是不死心，涎水依旧流个不住，他人恶涎也毒，凡是毒涎流到之地，草木一片枯黄。

赤脚大仙便按下云头，用脚跟轻轻地朝蛤蟆石一踩，立即就踩出个凹形来，蓄住蛤蟆涎，不让其四处横流。赤脚大仙又怕蛤蟆日后变成妖精逃走，就将宝杖插在山巅上，再拔下根发丝，化作捆魔索，捆住蛤蟆，并紧紧系在仙杖上。大仙又朝仙杖吹了一口气，这仙杖便化成一座镇魔木塔，矗立在黄岐山之巅。

明朝天启年间，冯元飙来揭阳任县令，他的爱妾黄月容和他一同来到此地，那年重阳佳节，夫妻一同登上黄岐山游览，听当地人讲了这镇魔塔的故事，很受感动。月容夫人便请丈夫出资，在这木塔基上建一个石塔，这便是今天的黄岐山塔。

长隆野生动物世界

长隆野生动物世界隶属全国首批国家级5A旅游景区，被誉为"中国最具国际水准的野生动物园"，是全世界动物种群最多、最大的野生动物主题公园。

长隆野生动物世界的创始人名叫苏志刚，是广州番禺大石村人，原本做的是餐饮生意，在番禺开了一家"香江酒家"，生意不错。那么他后来为何突发奇想，做起了野生动物园呢？

据说，在经营香江酒家期间，国家林业部副部长接待一位非洲总统在这里吃饭，期间副部长说："深圳开了一家野生动物园挺不错的，你们香江酒家做得这么好，能不能也做一个野生动物园？"

当时这位领导只是顺口一提，没想到言者无心听者有意，苏志刚竟然真的认真考虑要打造一个野生动物园。那个年代动物园都是国营的，政

普通话音频

粤语音频

府给补贴，哪有私人做动物园的？对苏志刚的想法，朋友家人都表示反对。但他看到的是中国经济发展背后巨大的旅游需求，认为此事大有可为，于是力排众议，四处走访学习交流，为野生动物园筹建做准备。

终于，在1997年12月26日，香江野生动物世界正式开业，很快就成为广州旅游的必到之处。继而，长隆野生动物园又推出了长隆国际大马戏、动物主题酒店等项目，令长隆的影响力更上一层楼。2014年，长隆又在珠海推出珠海长隆国际海洋度假区，成为了粤港澳大湾区又一个旅游胜地。

百窑村

在潮州韩江东岸笔架山的西麓，北起虎头山，南至印子山，绵延四百里，窑址鳞次栉比，相传有九十九条窑之多，所以号称"百窑村"。笔架山窑场始创于唐，极盛于宋。其产品远销国内外，成为中国陶瓷出口基地之一，被誉为"广东陶瓷之都"。

相传，百窑村里有一个烧火师傅，叫徐旺。他有着一身本领。便想着自己建一座窑自烧自卖，发家致富。谁知道他的新窑开窑当天，一窑瓷器全部都被烧成了碎片，徐旺气得当场昏了过去。

几天后，徐旺的妻子把窑内瓷片倒到韩江里，发现倒出的碎片中有一只花瓶，但是打捞不及，被江水冲走。回家后，徐旺也说他从窑底捡回一只花瓶，妻子发现和漂走的那一只一样，夫妻俩颇觉得奇怪。

当天夜里，窑神托梦给徐旺，说玉帝怜他夫妻勤劳、善良，特吩咐窑神给他家造了一对雌雄

普通话音频

粤语音频

宝瓶，助他发财致富，不料雌瓶被他老婆倒到江里去了。窑神还说，隔年六月初六，江里的宝瓶会显灵，到时莫忘下江去打捞。

谁知到了第二年六月初六，徐旺竟将此事抛诸脑后。恰巧当地来了一个古董商，他路过湘子桥时，见桥水底金光四射，心想江里必有宝物。他买来一捆红棕绳，缚上一串铜钱，抛向江里发光处，果然钓起了一个花瓶。这古董商是个识货之人，懂得这是一只雌宝瓶，有雌必有雄，于是他跑进百窑村，果然在徐旺家里发现了那只雌瓷，古董商高兴得发了疯，忙摸出一个金锭，指着要换那只花瓶。徐旺说死也不卖给他，古董商急了，夺过那只雄宝瓶往外便跑。

徐旺边追边喊抓贼，邻居们看到这情景，纷纷赶来相助，众人边跑边喊，紧紧追赶，一直追到了洗马桥。古董商跑得体力不支，为了保命，急忙往后摔了那对雌雄宝瓶。"哗啦"一声响，摔碎的花瓶里，流出了无数金灿灿的黄金。追逐的人们见钱眼开，争着抢起地上的黄金，乱成一片。古董商乘着大乱，便逃得无踪无影。

后来，人们便将这遍地黄金的地方叫作"黄金塘"，也就是后来的黄金塘村了。

香港海洋公园

　　讲到香港的主题公园，很多人第一时间想起的可能不是近年来新建的香港迪士尼乐园，而是有数十年历史、位于黄竹坑的香港海洋公园。这座主题公园承载了很多香港人和外地游客的记忆与情怀，是香港记忆中不可或缺的一部分。

　　可能很多人都不知道，1977年开园的香港海洋公园，其前身是一个动物公园，名叫"巴黎农场"，其创办人是有"赌王"之称的何鸿燊的姐夫谢德安。到了1972年，香港赛马会开始投资兴建海洋公园，并于1977年1月建成开幕。

　　在很长一段时间里，香港海洋公园都是亚洲最知名、最受欢迎的主题公园之一，"杀人鲸"、大熊猫、万圣节主题活动，都曾经是万人空巷的盛事，几乎每个香港人都必定有到海洋公园游玩这些项目的童年记忆。除了本地游客之

普通话音频

粤语音频

外，外地游客到香港游玩，海洋公园也是必到之处。

　　在2012年，香港海洋公园获得国际游乐园及景点协会博览会颁发的"2012全球最佳主题公园"荣誉，成为亚洲首家获此殊荣的主题公园，可谓攀上顶峰。近年以来，随着公园设施老化、竞争激烈、访港游客减少以及新冠疫情等因素的影响，香港海洋公园连年陷于亏损，无复当年之勇。但无论未来前景如何，香港海洋公园在大众心目中的地位依然无可替代。